組長の娘
中川茂代の人生

更生した女性が語る
自身のライフヒストリー

廣末 登 著

ハーベスト社

私は、「～だから」という表現が好ましいとは考えません。

たとえば、大学の先生だから、裁判官だから、有名な社長だから……という正のラベリングも、刑務所帰りだから、昔は不良だから、若い頃勉強してないから……という負のラベリングも、必要ないと考えます。


むしろ、「だからこそ」という考え方が建設的ではないでしょうか。過去は変えられません。しかし、未来はこれからです。意識の仕方ひとつで変えられます。

未知の可能性が、過去に縛られることは愚かではないでしょうか。

蓮《はす》の花は、汚れた水、濁った水だからこそ、美しく大きな花を咲かせます。

本編の主人公も、刑務所に長期服役したからこそ、素晴らしい働きができたのではないでしょうか。痛みを知ったからこそ、痛みが分かる支援者となり得たのではないでしょうか。

筆者も同様に、人生の失敗を経験したからこそ、中川茂代と出会い、本書を執筆できました。

未来の可能性を、ご一緒に考えてみませんか。

筆　者

○装幀　椎名寛子

組長の娘　中川茂代の人生＊目次

原著者による謝辞

本書は、公益財団法人日工組社会安全財団の助成研究（二〇一四年度　一般研究助成）、「社会病理集団離脱実態の研究」において、インフォーマントを務めてくれた中川茂代のライフヒストリーの談話データを集めたものである。

筆者は、暴力団離脱者のデータを、大阪のミナミ近隣に位置するキリスト教会において、二〇〇六年一月十五日から、二〇〇七年二月十六日にかけて、断続的に収集した（その内容は、二〇一四年七月に『若者はなぜヤクザになったのか――暴力団加入要因の研究』というタイトルで、ハーベスト社から出版された）。その時、インフォーマントとして協力してくれたのが、本書執筆の切掛けをつくってくれた山本弘氏（仮名）である。

二〇〇七年以降も、筆者は、度々、このフィールドを訪れ、彼らとの関係維持を図っていた。二〇一二年九月、大阪市立大学において開催された「日本社会病理学会・第二八回大会」前日に、筆者は山本氏に紹介され、中川茂代と知り合った。当時、彼女は、地元でスナックを経営していたが、体調不良等の諸事情によって、現在は店を閉めている。

二〇一四年、前述の研究助成を受け、筆者は、山本氏に対して、インフォーマントの依頼を打診した。「おれも手伝うけどな、もっと適任がおんで」と言って紹介されたのが、本書の主人公・中川茂代である。彼女の家に挨拶に行き、さらに、その母のもとに挨拶に行った翌日、中川母娘から、ミナミの繁華街で、盛大なもてなしを受けたことは（それも老舗のホストクラブで）、とても記憶に新しく楽しい思い出である。

二〇一四年五月より、筆者は大阪に長滞在し、中川茂代の自宅を中心に暴力団離脱者等の調査をはじめた。その折々、彼女の家に、老若男女問わず訪ねて来る実態、およびその来訪目的を知るに及んで、筆者は、俄然《がぜん》、興味を持った。なぜなら、それは、刑余者《けいよしゃ》（刑務所出所者）や暴力団離脱者への生活・更生支援であったからである。もっとも、本文中に記したように、中川茂代自身は、その行為を「支援」とは考えておらず、それは、「母親の背中に倣《なら》った」義理人情の体現であった。

その事実を知ってから以降、筆者は、折に触れて、本来の目的である病理集団離脱実態の研究に支障を来さない程度で、中川茂代の聞き取りを開始した。その時、筆者は、官、民による更生支援とは異なる新たな支援形態、すなわち、地域社会による支援と出会ったことを知った。さらに、その稀有《けう》な実例を分かりやすく世に知らせたいという欲求が生じた。そのような思いに駆られた筆者は、およそ一年の期間、面談、手紙のやりとり、電話によって、本書のデータを着々と収集した。二〇一四年十月末、木枯らしの季節には、テレビ西日本の撮影クルーを伴って上阪し、中川茂代の活動を収録した（番組内容は、本文中において詳述している）。多くの町内の方々のご意見も頂いた。こうした一連の聴き取り調査を経て、二〇一五年六月、ハーベスト社・小林社長のご厚意により、本書を入稿することができた。

小林社長をはじめ、中川茂代、山本氏、松尾教授、福岡県暴力追放運動センターの原田室長、ヒューマン・ハーバーの二宮専務、中洲の女性たち……実に多くの方々に、草稿を読んでいただき、本書の形式について議論を重ねた。その結果、幅広い読者層に読んで頂くためには、学術書の形式ではなく、ライフヒストリー形式のリアリティを重視した内容にすることが望ましいとの意見で一致をみた。最終的に、本書の形式を決定したのは、次のような意見を尊重したからである。

「刑務所で、坂本（敏夫）の本読んでんけどな、あんまし面白くはないな」
「あんた、よう書いとうね。ばってん、こら、ちぃと字がせからしいよ（小さくて読みにくいよ)」

筆者は、何も大学の教員ではないので、とりわけ、専門家向けの難解な学術用語を多用する書を著《あらわ》して、研究結果をアピールする必要もない。そうであるなら、読者の方々を代表するこれら女性の声には、真摯《しんし》に耳を傾ける必要があると考えた。そのような経緯から、本書は、難解・不要な学術的な議論は省き、中川茂代の内面的情報の紹介——とりわけ、彼女の眼には、家庭環境や社会環境がどのように映っていたのか、彼女が強く影響を受けた人物は誰か、彼女にとって重要な経験とは何であったのか、さらには彼女自身に開かれた行為の選択肢の幅がどのようなもので、その幅の中で逸脱行為を選び取るのはなぜか、というものを示唆する発言等の具体的記述に留意《りゅうい》した。

まこと、ありのままの物語である。調査者=データの聴取者は、ひたすら黒子に徹し、表面に顔を出さぬように努めている。ただ、補足の必要性から、「Ⅲ　著者による解説」においては、若干、調査方法と筆者の私見につき、言及させていただいた。

本書を出版するにあたり、まず、公益財団法人日工組社会安全財団には、中川茂代やガマさん、アバキさん、元極妻の姐さん方をはじめ、生野の町内の方々との出会う切掛けとなった研究に、気前よく資金を提供いただき、たいへん感謝している。

その研究に協働して取り組んで頂いた共同研究者、北九州市立大学の松尾太加志副学長、仙台大学・体育学部の田中智仁准教授、NPO市民塾21の伊藤豊仁代表には、研究の局面で、様々なご指摘、ご指導を頂いたことに感謝している。

中央大学の矢島正見教授には、お忙しい中、「解題」に加え、誤字脱字のご指摘、補足あの必要な点等、丁寧なご指導・ご示唆をいただいたことに、筆者の貧弱な語彙《ごい》では表現できないくらい感謝している。矢島先生は、拙著が出版を想定していない段階から、草稿を読んで、筆者を励まして下さった。先生からエールを頂かなかったら、本書が日の目を見ることはなかったであろう。

筆者の恩師である、北九州市立大学の松尾太加志副学長には、今回も「下読み」をお願いし、大変なご迷惑をお掛けした。ご繁忙を顧みず、いつもの松尾先生スマイルでご快諾いただいたことに、感謝している。博士課程在学中から今日まで、先生にご指導頂いたことは、身に余る光栄である。

私の草稿を読んで、批判して頂いた多くの方々に、とても感謝している。この他にも、多くの方々に、様々な方法で支援をしていただいていることに、謝意を表しておきたい。まこと、著書とは、一人では書き上げられないということを、改めて実感した。

最大の感謝は、言うまでもなく本書中に登場してくれた方々である。残念ながら主要な登場人物である彼／彼女らの匿名性の確保のために本書中では仮名が用いられているが、彼／彼女には、どこの誰のことか一目瞭然であろう。改めて、感謝の言葉を伝えたい。

この著書で示される出来事などは、筆者自身以外の人物や機関の、解釈、判断、思想信条によるものではなく、一切が筆者の責任において構成されていることを申し添える。

二〇一五年六月

福岡市中央区六本松にて

廣末　登

I　組長の娘——中川茂代の人生

ようやく蝉の鳴き声もまばらとなった関西の街の片隅、スタンドとボックス席が数席というスナックに、私は山本氏の招きを受けて立ち寄った。通天閣が宵闇《よいやみ》と戯《たわむ》れ、その頭だけがウエルズの小説[1]に出てくる火星人のように煌々《こうこう》とライトアップされる時刻、秋分は過ぎたにも拘わらず、暑い日であったためか、冷えたエビスビールが喉に心地よく、山本氏との会話も弾んだ。山本氏は、私の四年ぶりの復帰戦（大阪市立大学で開催される日本社会病理学会報告を、ビールで祝ってくれたのであった）その時、カウンターの中で、忙しく立ち働いていた女性が、本編の主人公である。当時の年齢は四十代後半、長身で、朗らかな関西の女性を代表するようにコロコロ良く笑う。ロングにした髪が、大柄のブルーのブラウスにマッチし、彼女の明るさに華を添える。客

1　ハーバート・ジョージ・ウエルズのこと。イギリスの小説家。ジュール・ヴェルヌとともに「SFの父」と呼ばれる。代表作に、SFの名作『宇宙戦争(The War of the Worlds)』などの著書がある。

あしらいは上手く、一日の仕事に疲れた男たちに、冷えたビールと、労《ねぎら》いの言葉を惜しみなく与える。前者は売り上げのため、後者は、彼女の世話好きな性格からであろう。この場末のスナックは、世が更けていくにしたがい、アンチョビの缶詰のように長っ尻の男たちを詰め込む場と化した。アンチョビ達は皆、底なしに陽気であった。

この女性とは、関西で元ヤクザの方々を対象とした調査をしていた時に再会した。彼女の名前は、中川茂代（仮名）という。筆者は、度々彼女の家に呼ばれて手作りの夕食を馳走になった。彼女は何を作っても美味かったが、肉なしカレーが一番美味かった（姐さん勘弁《かんべん》な）。以降、その時々に、彼女が語った内容をちょくちょく書き留めたことが、本書の内容である。そうであるなら、本書は、公益財団法人日工組社会安全財団からの助成の副産物的な成果ともいえるので、一応付言《ふげん》しておく必要があろう。

その前に、なぜ、筆者が、彼女の人生に興味を持ったかということに触れなくてはならない。茂代の家は大阪市内にあるマンションの最上階のロフト付ワンルームである。極度にキレイ好きな彼女の部屋は、いつも掃除が行き届き、居心地が良い（この部屋では、私の唯一苦手な昆虫、ゴキブリと邂逅《かいこう》したことは一度もない）。残念ながら、この部屋にお邪魔した際、筆者が彼女と二人きりになることは稀《まれ》である。別に同居人がいるわけではないが、来客が絶えないからである。

来客は中年の（どちらかと言うと危険な香りのする美人）女性が多い。しかし、みな強烈に個性的である。間違えっこなしに只者ではない。背中一面に入れ墨がある、小指がない、あるいは一〇〇〇人の男と寝たという強者の女性も居た。彼女たちの来訪目的は、主として人生相談である。狭い部屋にいるわけだから、筆者にもその内容は嫌でもわかる。茂代は、クール・メンソールを片手にくゆらしながら、彼女たちの話を軽く頷きながら聞き役に徹していることが多い。ときには、感情の表出から泣き出す女性もいる。しかし、茂代が動揺《どうよう》した場面を筆者は見たことがない。まこと岩のごとき冷静沈着さである。

「なぜ、彼女たちの苦悩を受け止められるのか。苦しくならないか」と、私は茂代に聞いたことがある。彼女は、よく手入れされた長い茶髪に指を絡ませながら少し考えた後に言った「せやなあ、うちも同じような経験をしたからやないか……ただ、それが、あの子らより時期が早かっただけや」と。

同じような経験！　こういう話は、犯罪社会学を生業としている筆者にしたら、馬に人参、猫にカツオブシの按配《あんばい》で大層魅力的である。「姐さん、その経験というヤツをひとつ話してはくれませんか」という厚かましい筆者の願いに、茂代は、大きく吸い込んだタバコの煙を吐きながら「そうか……しゃかて、ここらでは、そんな珍しいもんちゃうで」と言いながら、少し寂しげに笑った。

珍しいものちゃうかどうか、それは本書を読んで下さる読者諸氏がご判断頂きたい。茂代の人生は、筆者にとっては初めてお目に掛る代物であった。――筆者は冴《さ》えない犯罪学研究者であるが、決してがり勉、ネンネのつもりはない。自分では人生の、社会の冒険者を自負していたのであるが――彼女の人生は、男顔負けのゴロあり[2]、シャブあり[3]、男と女のドロドロした愛憎あり、刑務所ありと、まさにバラエティーに富んだ壮絶なジェットコースター人生である。彼女は、持ち前の度胸（失礼）と、屈託《くったく》のない関西人に与えられたユーモア気質（理研がその気になって研究したら、関西人のDNAに笑いの染色体が確認されるかもしれん）により、人生の荒波を乗り越えてきた平成を代表する残り少ない女侠である。それでは、ここらで読者の皆さんに、私が敬愛する中川茂代姐さんを紹介しよう。

2　喧嘩のこと。
3　シャブとは覚醒剤のこと。骨までしゃぶるという意味で、シャブと言われるようになったとの説がある。

■家庭環境

うちは六人兄弟やねん。その内、女が五人や。男は一人しか居らへん。実家な、商売しよってんな。いまもやってるけど、その頃、手広くやって、ゲーム屋や金融屋もしてたんや。大体、見て分かる思うんやけど、うちんトコ、お祖父ちゃんが有名な博徒[4]やってんな……ヤクザや。死んだ時なんか凄かったわ。うちの会社の前にある公園な（少年野球ができるくらいの大きさがある）、あれ、花輪が一周しよったんや。あれが最後やないか、いまなんか、暴対法のあおり食って、ヤクザの葬式にそんな仰山ハデなことでけんやろしな。せやから、お母ちゃんがあんな感じで、やっぱ筋金入りの博徒やろ、でもな、楽しい家庭やってんで。お母ちゃんが料理する時な、うちも一緒に作って、社員さん……まあ、いうたら組員やな、みんなでテーブル囲んで、食事するんや。そら、もう賑やかやった。

そんな環境やから、皆によく可愛がってもらってな、学校もちゃんと行っていたんや。スポーツ大好き少女で、学園生活のスタートは順調やったんやで。せやかて、小学校三年の時や、実のお父ちゃんが居なくなってんな。いつもと変わらぬ風で「植木買いに行く」言うて家出た

4　博打打ち、ヤクザのこと。

んやが、それきり蒸発してな。うちはお父ちゃん子やから、相当ショックやわ。しばらく、寂しゅうてしょうがなかったわ。

やっと慣れたいう二年後な、今度はお母ちゃんが出て行ってな。もう、この家どないなっとんかいな思うたわ。社員さんはいるから、おばあちゃんと、母の兄嫁が家事やってな、家ん中、大変やったの覚えとる。せやかて、大黒柱が居らんのやから、目に見えて皆のテンションは下がっとったな。

■学園時代

「うちは世界一不幸な少女や」いうセリフ、『じゃりん子チエ』[5]にレギュラーで出てくるやんか。うちはホンマにそう思っていたわ。家に居ってお父ちゃんもお母ちゃんも居てへんのやで。運動会なんかも、いやな、おばあちゃんとか来てくれるんやけど、やっぱ、子ども心に寂しいやんか。ホンマに、あの時期は寂しかったわ。

とどめはな、六年生の時、お母ちゃんがフラリと帰って来たやんか。赤ちゃん抱いていたねん、この子が下から二番目の子やな。そして、新しいお父ちゃんもできたんや（リーマンちゃうで、やっぱヤクザや）。文句言わへんけど、正直、戸惑ったな、嫌やったな。一応、その頃、こっちは小六の女の子やで、多感な年ごろやんか。口では言わへんけどな、頭のなか、岡本太郎[6]や、爆発しそうやったな。

5 日本の漫画。大阪市西成区西萩町を舞台に、自分でホルモン焼き屋を切り盛りする元気な女の子「チエ」と、彼女を取り巻く個性豊かな人々とネコの生活を描いた作品。作者は、はるき悦巳氏。

6 日本の芸術家。大阪万国博覧会（一九七〇年）において建設された総高七〇メートルの作品「太陽の塔」が有名。「芸術は爆発だ」「芸術は呪術だ」などの名言を残した。

中学校、うちは、地元の中学に行く思うとったんやが、お母ちゃんは「中、高、短大とエレベーターで行けるから、私学に行け」言うてな、それで、うち、女子校行ったんやが、それがマチガイの始まりやってんな。特に、中二の夏以降、うちの人生、あり得ん方向に転がりはじめたな。

うちの行った中学はな、樟蔭東中学いうて、制服が大阪で一番カワイかった。次が奈良の帝塚山やったな。勉強学校の先生（塾の先生）から、ここなら受かるわ大丈夫とか言われていったんやが、親戚は皆、賢い帝塚山やんか、「茂代、樟蔭行くんは、おまえだけやぜ」言われて恥ずかしかったなあ。知ってたか、入試のテストな、帝塚山は答案用紙の字が小まいけどな、樟蔭はひと回り字がデカいんやで。

中坊の一年は、誰しも先輩怖いわな、うち、バスケやってたんやけど、先輩からなナマイキな順番に並べられ、イワされる（シバかれる）んやな。先輩からな「中川、どこ並びよるんや、お前はこっちや」いうて並ばされてん。「え、なしてうちが一番」ほんまビックリやで。強烈にしごかれたわ、この時期はな。先輩のために、うちら、ワキガちゃうけど、いつも「8×

4（制汗剤のエイトフォー）」用意しとかんとあかんかった。皆、タバコのむやん。トイレとか、これでシューシューして臭い消すんや（これが結構消えるんやで、ホンマ）。

学園生活、第一のエピソードいうたら、無期停（無期停学）になったことか。原因は家出や。なんや、いま考えたらしょうもないことやがな、イチいうツレが、ある時、自分のこと養女とわかってんやんか、それで、「もう、家に帰りたない」いいよるんや。あんまし可哀そうでな、うち、「ほな、一緒に付いていったる」いうて、学校サボって家出したんや。カネないしな、マンションの非常階段で虚《むな》しゅう一夜明かしたこと覚えとるわ。それから、お父ちゃんがゲーム屋しよった時のスタッフ、ター坊頼って行ったんやが、あかんわ、次の日、お父ちゃんと、お婆ちゃんが迎えに来て、往復ビンタ一発、有無を言わさずに強制送還やったな。

次にな、忘れもせんのが、修学旅行やってん。山口県に行ったときのことや。同じホテルにどっかの学校の男子も来とってな、夜、うちらの部屋にコッソリ遊びに来よってん。それが先生にバレてもうてな。「ちょっと、あなたたち、どこの学生ですか！」もう中年ヒステリーなりよる。このまま放っておいたら、泡吹いて卒倒せんか心配になる程やったで。不幸で孤独な青春時代過ごした女は、男となると、目の色変えて過剰反応するからあかんわ。うちらには「何しよったんか」言うてうるさいからな、「お話ししよっただけです」（マジでホンマやで）言うんやが、断固として納得せえへん。乱交パーティしよった思ったんやろか、この女の妄想《もうそう》のし過ぎや。うちらの6P想像しよったんかいな。止せばいいのに「学校始まって以来の事件です。放置できません！」なんか言うて、大騒ぎしよる。挙句《あげく》、先生がお母ちゃんに電話しよったんやな。お母ちゃん、あんな性格やろ「せやたら茂代、今から何も言わんと、タクシーで家に帰って来い」言い出してな、収拾つかんような大騒ぎになったもんや（山口県から大阪市内までタクシーで帰ってこい言うとんで、なんぼうちでも無茶やろ）。

こんな感じで、中学二年頃からメキメキ悪くなってんな。それがまたアカンねんな。樟蔭東はエレベーターやねん。せやから、うちもエレベーターで高校行けると軽く思っとったんやな、それが、甘かった。女子高やから素行（内申書いうやつか）が問題やねん。悪のレッテル貼られた、いうたら素行が悪いうちには、担任が「（エレベーターではなく）一般と一緒に受験して下さい」言いよったんや（それもかなり冷たくな）。そしたらな、お母ちゃん激怒して「そんなら、もうええわ。女は字書けて、口利けたら生きていける。茂代は、ウチでお父ちゃんの金融会社手伝いしよれや」言うんや。これで、うちの楽しい学園生活は早々に引退や。そこから、まあ、人生の転がり方に加速ついたな。

まあ、なんや、中学出てから、ドツいたり、ドツかれたり[7]の毎日やったな。たとえばな、ウチが友だちと、「ボヘミアン」[8]なんかがスピーカーから流れとる今里の商店街歩いてるやろ、するとな「お前なんや、何見てんねん」言うてイチャモンつけてくるのがおんねんな（他所のシマ[9]でいい根性してたんは認める）。男もこんな良くあるやんか、ガンつけたとか、メンチきったとかな。「なんや、おまえ」言うてヤマ返しとったら[10]、前置き無しで、いきなし茶色の物体でガーンいうて顔殴られてんねん、歯折れたわ。よう見たらレンガやで、レンガ。無茶苦茶やわ。うち、顔面お岩さんで家帰るわな、前で水撒いとるお母ちゃんに当然発見されるねん。第一声、「茂代、あんた勝ったんか、負けたんか」言いいよる。普通やったら「茂代ちゃん、

7　殴ったり、殴られたり。
8　作詞・飛鳥 涼、作曲・井上大輔による 日本の楽曲。一九八二年に大友裕子歌唱によるシングルが発売された。
9　縄張り。
10　言いかえしていたら。

中川茂代が幼少期から現在に至るも活動する近隣　今里商店街

あなたどうしたのその顔、お医者さんいきましょうねえ、まあ、可哀そうに」くらい言うのがお母様や、うちのお母ちゃんの場合は、「負けたわ」いうとな、「もう一遍《ぺん》行って来い！このヘタレが」言いよるねん。その時は、結局、東大阪まで行って、「さっきのお礼や」言うて、レンガ女を、倍返しのブロックでシバいて来たけどな。そいつが派手なピンクのラッタッタ[11]乗っとったから、アシ付いたんや。

　そうや、こんなのもあったな。ツレのイチと、〇のつく日（毎月、一〇日、二〇日、三〇日）、金魚すくいなんかして、鶴橋の夜店歩きよったらな、二つ上の先輩やった春代から「イチは生意気や」言うて強烈なビンタされたんや。まあ、先輩と後輩の関係いうんはそんなもんや思うて家に帰ったらな、お母ちゃんが「ワレのツレをシバかれて、先輩もオッパイも関係あるかい、イワしてこい」と、

11　ホンダ・ロードパル50。ヤマハのスクーター・パッソルが出る少し前に、大人気となった、国産初の完全オートマチック原付バイクのこと。

えらい剣幕で叱られてん。お母ちゃんの命令やさかい、一応、行かなあかんから行ったけどな、「茂代、もう、エエから」とイチが半泣きで言うんで、これは血い見んかったし、うちも内心では、ほっとしたな。

この頃は、「あの子が（茂代のこと）あんな言うてんで」「こんな言うてんの聞いたわ」そんなん聞いたら、うちはもう直行やったな。事終わって、道歩きよったら人が笑うやんか、何や思って見たら、服破れとるなんかはザラやった。上半身裸なんかもあったで。普通な、女子のケンカ言うたら、ギャースカ言うて髪の引っ張り合い、せいぜいビンタくらいやろ、うちらはグーパンで、顔面いきよったからな、ホンマのゴロやった。こうした毎日送りよったら、いつの間にか、生野の道行く人たち、みんなニッコリ、フレンドリーになっとったな。まあ、それはうちが可愛かったからや思うとるけど。

十六歳くらいやな、アバキいうて、うちからしたら、そうやなあ、お兄ちゃんみたいな存在やったオトコおってん。あるとき、泰裕——いまは高津あたりで刺青クリスチャンとかなんとかいうて、暴力団離脱者支援の働きと、アーメン牧師やっとる男——の家に行ったんや。泰裕には、千容子いうアメリカンな彼女（初対面がパープル・スーツでアフロヘアーやったからアメリカンや思うたんやな）がおってな、なんか、妙にうちと気がおうたんや（この女は、その後も泰裕一本で結婚し、仲良く一緒にアーメンやってるわ）。そんとき、アバキと泰裕はなんや男の話やな、外に行って、うちと千容子が家に残ってんな。しばらくタバコ吸いながら、なんや……マニキュアの話やら、男の価値観なんか、女の子のしょうもない話しよったな。それからや、この千容子とうちは「ニコイチ（二人で一つ、一組の意味）」言われるほど仲良くなってな、いうたら女の兄弟分やったんや。

■シャブ入門編

段々と深みにはまっていったんは十八歳くらいの時期からやな。何の深みかいうたら、薬物やねん。シャブ打ったり（この頃は、まだまだタマポンやで。ツネポンちゃうから）[12]、大麻やったりしよってん。まあ、周りがやりよるから、初めは軽い気持ちからや。せやかて、一度味覚えたら、猫にマタタビやったな。抜けられやせん。そんなんしよったら、時間の感覚無くなってまうやん。うちの門限、信じられんやろうけどな、夕方の六時やってんな。真面目な小学生でも文句垂れる時間設定や。せやかて、お母ちゃんの言うことは家では憲法やった。シャブボケで帰ってこんと、お母ちゃん、捜索隊出しよるんや（今里版特捜最前線やった）。マジ厳しかったわ、お母ちゃん。捜索隊に駆り出される会社の人らも（ヤクザの若中な）、大変やったと思うわ。いま、考えたら、迷惑かけた思うな。

そうそう、シャブ＝エッチやみんな思うとるやろ、ちゃうで。シャブでエッチ行くやつは、そないに味占めるまで、エッチん時にシャブ使いよったんやな。うちはカラオケやったやん、

12 「タマポン」とは、たまに覚醒剤を打つ意味である。一方、「ツネポン」は、常に覚醒剤を打つ常習者を意味する。

マイク離さんかったな。要は、シャブやって何して入るかで、オブセッション（強迫観念《きょうはくかんねん》）は異なるわけやな。もう一遍、言うとくで、うちはシャブやってもエッチ違ったからな。

お母ちゃんの堅苦しいの、うちも嫌やった。せやから家出するやん。何度もしたで。したらカネが要るやん。スナックとか水商売で働くわけや（そん頃流行ったノーパン喫茶[13]は行ってへんからな）。こっちは未だ売れる年代やしな。どこに行ってもウエルカムなわけで、働くところには事欠かんやったな。それで、残念ながら、チャンチャンとはいかんねん。お母ちゃんの情報網を甘くみよったらあかん。うちが働きよるスナックにな、会社から突然人が来るわけや。バーンと足でドア開けといて「コラ、おっさん、お前どこの娘を働かせよんのや」なんか言うてな、マスター、会社の若い衆からドツかれよんねん。次の日、店行ったら「当分の間、閉店します」や。夜逃げしよったんやな。うち、なんもしてへんのやけど、お母ちゃんの会社の人がなあ……オッカナイ血の気の多い人、多かったからなあ。悪いことしたわ。

13　ノーパン喫茶とは、女子従業員が下着（パンティー）を着用せずに給仕する喫茶店のこと。一九八〇年前後に流行した。

同じ頃、うち、初めて結婚したい人ができたねん。二歳年上のカッコええ男やった。当時、タメの奴なんかションベン垂れや思うて、なかなか恋愛対象射程に入らんかったもんや。大人の男に憧《あこが》れるわけやねん。結局、妊娠したんやが、うち、お母ちゃん怖かってな、八か月隠し通したんやが、あかん……バレてもうて病院直行やった。その時のお母ちゃんの言葉、今でも覚えとるわ。「茂代、あんた、もう一遍《いっぺん》キレイな身体になって、その男と一緒になりたいなら、そういう風にもっていきや。お母ちゃん、そん時は止めやせんで」とな。うちにはそんなこと言いつつ、お母ちゃん、例の怖い捜索隊出して、彼氏、呼び出されてんねん。「もう、茂代さんとは二度と会いません。別れさせていただきます」言うて泣き入れたらしいわ。これは、後日談で知ったことやけどな。

とは、いうものの、惰性《だせい》とは恐ろしいもんや。結局、うち、またこの男としばらく同棲しよったんやな。しかし、その頃から、だんだん「男に対する感覚」いうんが変化してきたんや。いま思うと、うちもその時期、女の子の「子」が取れてきたんかもしれんわ。まあ、一言でいうとな、「恋愛にキラキラした美しさが無くなってきた」わけや。所詮、男なんかエッチとカネの動物や思うようになってんな。これはお母ちゃんにバレんで幸いやったが、二人目の子どもを中絶したんや。そのときの男、まあ、ヘタレやったなあ。我で耕して種まきしたくせに、ビビリまくりやった。さすがにこの時は「あんたとはこれまでや」言うて、スッパリ別れたな。今となっては、なしてあんなにビビりよったか聞いてみたかったたな。お母ちゃん、余程、恐ろしいこと言うたんやろな。穴掘って埋めるの流行した時代やしな。

何か、その頃のうちは、ふわふわと漂流しているようやったな。周りは彼氏自慢や、早い奴は結婚しよるわけや。どいつもこいつも「女子満開」やねん。うちは、特定の男おらんで、いろいろ用途別、男コレクションしとったな。メシオ君やクルマダさんいう具合にな。そんな折や、十歳以上年上の男と、ミナミで知り合ったんや。なんやフトコロ深そうな顔してな「自分が生活の面倒みたるさかい、あんたは心配せんとええ」言われてん。うち、ふと甘えたくなってんな。結局、ホテルでシャブ打たれとったわ。まあ、そん時は「ツネポンのズブズブハマりまくる変態的な重症」やなく、「たしなむ程度」やで。

面倒見てくれると大きく出たんは結構やが、その男、キップ（指名手配）まわってたから、ポリのガサ入れ[14]で一発やった。うち、部屋にあったシャブ、トイレに流すんで必死やった覚えあるな。トイレ詰まるんやないか、下水道の魚がラリるんやないかと、ボケた頭で変な心配しよったわ。

ガサのポリから、「あんたのイロとは、明日面会させたるから、ミナミ署においでや」言われて、案外ポリもいいやつ居るもんや思うて、翌日、ホイホイとミナミ署に行ったわけや。すると、なんや、婦人警官が「ちょっとオシッコ採りましょうね」とか抜かして、検尿カップ持って来たんや。「うわ、あのオッチャン、変な病気持っとったんちゃうやろな」とかマイナス妄想《もうそう》膨らまして、個室でジョロジョロしたんやが、今も昔も、ポリがそんな親切なら、ポストが黄色になって、太陽が西から昇るわな。案の定、シャブの陽性反応出たわ。風まいて失踪《しっそう》したノリピー[15]の方が、うちよりよっぽど賢いわ。

14　警察の家宅捜索のこと。
15　日本のタレント酒井法子の愛称。二〇〇九年、覚醒剤を所持・使用したとして、当時の夫と共に、覚せい剤取締法違反で東京地方裁判所から有罪判決を受けた。一時、行方をくらましたが、二〇〇九年八月八日に警視庁富坂分庁舎（東京・文京区）の組織犯罪対策五課に出頭し、逮捕された。

覚せい剤で最初に拘置された大阪拘置所（大拘）

ただ、そん頃はな、直ぐに結果が出えへんやんか。うちは、朝日プラザホテルの五〇三号室で、引き続きシャブを嗜《たしな》みよった。長期滞在客やからな、ホテルのボーイもツーカーやんけ。あん人らいい子でな、よくジュースの差し入れなんかしてくれよった。うちのノックアウトされた日は、そのツーカーが裏目に出たんや。

今日もシャブ日和や思うて、朝からダブルで入れた[16]時やった。ピンポーンいうから、また、差し入れや思うて、のぞき穴見たらな、顔見知りのベルさんや。「おはよー」言うてドア開けた瞬間、お父ちゃん以下六名がなだれ込んで来よんねん。シャブでラリっとる[17]うちからしたら、その突入の勢いから、部屋の壁が膨らんだように思えたわ。お父ちゃんから往復パンチもろうて、ノックアウト

16　一回で注射する覚醒剤の量を増やしたこと。
17　覚醒剤を服用し、モーローとして夢見心地な状態。

しとるところを、みんなで連れて帰られたな。帰ったら、お母ちゃんから「茂代、早う風呂に入れ」言われて、風呂上がったら、髪もよう乾かんうちにミナミ署連れて行かれてな、拘置所にぶち込まれたんや。この時、結局は大拘（大阪拘置所）に移送されて、「懲役一年、執行猶予三年の刑」打たれた[18]な。退屈な別荘暮らしは、一か月やった。こん時は、そんな悪いことしてへんから、早う出られる思うてな、シャブは割に合わんもんや、思うたな。まあ、何れにせよ、身から出たサビ言うやつやが、こんときはお母ちゃんの情報網の恐ろしさが身に染みて分かったわ。うちの所在、朝日プラザホテルな、それ分かったんも、うちの知り合いがお母ちゃんの恐怖の情報部員にシメられて、チンコロ[19]したんや。

18　判決を言い渡されたことを「打たれる」という。
19　密告のこと。

■結婚

なんやフラフラしててもな、女は恋をするもんや。二十一歳の時、うちがアッシーに使ってた子のツレでな、最高の男が居ってん。その男はサーファーやったが、ケンカも強い、頭ええ、男気もあることで、生野あたりでは名を知られた存在やった。うち、「この男、絶対イイ」思うてな、うちもコロッと参ってもうたんや。で、一年後に結婚や。忘れもせんのが、男をお母ちゃんのとこに連れて行ったらな「こいつは子も堕しとるし、シャブの経験もある。あんたこんなんでエエんか」言われたわ。彼は「そんなんは、過去の話しですから、気にしません」と、サラリ流しよってん。格好ええやろ、万事こんな感じやねん。細かいことにこだわらへん。うちがバーっと文句言っても、「そうか、そんだけか」でチャンチャンやねん。ケンカにならへん。しかし、包容力はあったなあ。デカかったた（人間がやで）。

もう、この結婚はごつっう幸せ過ぎて、うちの人生を変えたな。うちも一八〇度変わった。言うたらな、誕生日はそのままで、さそり座からおとめ座になったようなもんや。周りが、それはもうビックリ仰天やったな。あのお母ちゃんまで、小さい目を丸くしとってん。まあ、うちがどんなに変わっても、分かってくれんアホな奴は居ったたな。街でインネン付けられたら、軽くいわしてもうてたで。[20] まあ、以前と違って、この頃のケンカはたしなむ程度やったな。

そんなこんなで、うちの新婚生活は順風満帆《じゅんぷうまんぱん》やった。二十二歳の時に長女、二十八歳の時に次女ができて「この幸せは絶対に潰れることない」と確信しとってん。この頃、うち、酒が入ったら、口癖のようにダンナに言いよったことがあんねん。「うちのこと、捨てんとってな」と。トラウマいうんかな、うち、ダンナに、お父ちゃんみたいになってもらいたないし、うちも、お母ちゃんみたいになりたくないと、子どもの頃からずーっと思ってたんや。何度も、何度も夢に見たしな。ある日、目が覚めたら最愛の身内に捨てられる、一番怖いことやで。

20 （殴るなどして）相手をやっつけること。

■不倫

ところがや、三つ子の魂《たましい》何とやらやな。いま、時間を戻せるなら、片手を差し出しても後悔はないくらいや。うち、十三年目にして、人生最大の失敗をやらかしてしもうたんや。自ら幸せな結婚生活をブチ壊してもうたんや。アメリカなんかでは、セブン・イヤーズ・イッチ（七年目の浮気）言うらしいな。うちのは十三日の金曜日……やない、十三年目の浮気やったな。反省を込めて、いま、当時のバカな自分を振り返りたいと思う。

人生はな、おそらく人の出会いによって、良くも悪くもなるねんな。うちの出会いは後者の方やがな。その日、久しぶりに再会した友人が、今里新地にあるコリアン・ホストに行こうと誘ってきたんや。うちは、男なんかダンナ以外見てなかったから、居酒屋行く感覚で「まあ、たまにはええか」思うて付いて行ったんやな。入店して十八分二十三秒後位の出来事やった。スホという男の子がな、「シゲヨさん、サカムケしてるよ」と言って、うちの手を取るんや。「そんなん、ええわ、大丈夫や」言うたら、「ダイジョウブじゃないよ。ケンチャナー、ケンチャナヨ」言うて、マキロンと絆創膏持って来て、甲斐々しく手当てしてしてくれるやないの。あかん、ジーンときてもうてん。うち、三十四歳にして女を感じてしもうた。一応、言うとくけどなあ、うちの半生は、喧嘩上等、シバく、シバかれる世界で生きて来たし、顔腫らしていてもな、家族は心配してくれへん。当たり前の日常風景なわけや。そんな人生を三〇年以上送ってきてたらなあ、このスホの行為は、女心にジーンときてもしゃあないで。

以後、十八か月におよぶ、うちの愛の格闘が始まったんや。普通は、ホストいうたら、女からカネ搾り取ってなんぼや。しかし、スホとはいつも割勘。貢ぐことなんか要求してこんかった。ただ、純粋に、うちと会いたい、一緒に居たいと言ってくれた。うちは、ダンナも居る、子どもも可愛い、しかし、スホと会いたい……どうしていいかわからんで、もう、毎日気が狂いそうやった。そんな愛の煩悶《はんもん》も、意外な効果があるんや。街で会う人が皆口を揃えて言うんや「茂代、何や、あんた最近キレイになったなあ」てな。フェロモン・パワー恐るべしや。こん時は、そう言われて嬉しい思うことなかったな。却って後ろめたい気持ちあったし、ダンナに分かるんやな

スホとの出会い、近隣の歓楽街　今里新地

いか、子ども達に申し訳ないという気持ちがあったな。

　別れは、うちから切り出したんや。スホが仕事で西川口に行くと言いだした。ここでケジメつけんと、もう無理や……うちは、腹をくくったんや。スホに電話して「お互いのために別れよう」言うたんやな。スホは、しばらく沈黙した後に、こう言った「シゲヨさん、なぜ何でも自分で決めるのか」と。自分勝手なんは分かっとるし、うちも涙、涙やったんやが、家族とスホと天秤《てんびん》かけるわけにはいかんしな。うちの決意は固かったんや。しかし、悪いことはできんもんや。地元は狭いしな。うちとスホのこと、ダンナの知人に見られとってん。で、チンコロされたわけや。お義母さんの通夜の席やった。ダンナが「お前、何にもないねんな」と、唐突に聞いてきたんや。うちは一瞬、ヒヤッとしたけど「何もないけど……」言うた瞬間、バッカーンとグーパンでいかれて、飛んでいったな。結婚してからこの時まで、うちに手を上げたことないダンナやったんやが、最初で最後のシバきやったな。

■覚醒剤営利目的所持で下手打ったこと

このスホとの不倫は、ダンナが赦してくれたんや。それからは、もう、反省の日々やねん。スネに傷持つうちとしては、マジメな主婦業を黙々と続けよった。しゃかて、一度火が点いた恋心はなかなか静まってくれへんねん。一年位してからやろか、ツレから「スホから電話あってなあ、あんたと話したい言いよんのや。彼、忘れられんのんよ。ここに居る言うてるから、電話したってな」いうて連絡あってん。そら、うちからしたら悩んだで。気い狂いそうやった。で、まあ、恋心に負けて、結局、電話したんや。女やったら、やむにやまれぬうちのこの時の心情、分かってくれる思うで。

この電話が、神の配剤かなんか分からんけどな……番号、違っとってん。ツレがシャブボケして写し間違えたかどうかわからんけどな、上沼恵美子[21]が、日清サラダオイル飲んで更に饒舌《じょうぜつ》になったような煩いオバはんに電話つながりよってん。ガーンやったな。もうショックやったな。しゃあないから、知り合いのタマ子に電話して「一発分（覚せい剤一回分）持って

21　上沼恵美子は、日本のお笑いタレント、歌手、司会者、ラジオパーソナリティなどを行っている。中川茂代が連想するように、番組の中では、よくしゃべる。

きてや」と、シャブのデリしたんや。そこからズブズブやった。言うとくけど、シャブやっても、掃除、洗濯、掃除とかな、ウチの家庭のことはちゃんとやってたんや……もっとも、営利[22]のオトコと知り合うまではな。

営利のオトコと知り合いになってな、シャブやりたいいうよりは、シャブでデカく儲《もう》かって、カネを家に入れようという、まあ、こいつテキトーに利用して、過去の罪滅ぼしをしよう位のつもりやったんや。ところがや、ある日、家に帰って来たら、電話のベルが鳴りよる。なんか、虫の知らせいうんか、悪い報せいうんがピーンいうてわかんがな。案の定、後輩からの電話で「姐さん、ポリのガサ入んで」いうことやった。こらアカン思うたな。うちのシャブで、家庭に迷惑かけるわけにはいかん。どないしょ……とりあえず、しゃあないから着の身着のまま、身近の荷物持って、営利のオトコの家に転がり込んだんや。

それからというもの、ラブホ[23]を転々とする毎日やねん。シャブ屋してるから、カネには困

22　覚醒剤営利目的所持の主体、いわゆる覚醒剤の「売人」のことをいう。
23　ラブホテルのこと。

らんやってんな。当時は、一g（ワンジー）で七万円位になってたしな。しゃあかて、常にビクビクしとったな。ハリソン・フォードの『逃亡者』[24]みたいやった。誰見てもポリに見えんねん。その頃は、もうドロドロや。ポン中（覚醒剤中毒者）しか分からんことやけどな、この時期、うちは血管が潰れてしもうて針が入らんようになってたんや。腕だけやなく、脚の血管からも入れたもんや。どうしょうもない時は、ウオーリーいう専属の針師[25]を呼んで入れてもらいよったんやが、サウナ入って血管出しても針が入らんときあんねん。もう血みどろになるんやがな、それでもクスリ入れたいねん。どないするかいうとな、注射器に逆流した血みどろの液を冷凍して備蓄しておくんや。で、注射器の針をバーナーで炙《あぶ》って、針を抜く。そんで、先を丸くしてから、解凍した薬を、ケツの穴から注入するしか手がないんや。ここまで来たら、シャブ中もかなりの筋金入りや。完璧に人間失格やな。太宰治[26]も想像できん地獄やで。

24 『逃亡者』（原題：The Fugitive）は一九九三年公開のアメリカ映画。妻殺しの濡れ衣を着せられた医師が警察に追われながらも真犯人を見つけ出すというサスペンス映画。医師リチャード・キンブルをハリソン・フォード、連邦保安官補サミュエル・ジェラードをトミー・リー・ジョーンズが演じた。

25 覚せい剤などの注射を補助して報酬を得る者。

26 日本の小説家・太宰治のこと。主な作品に『走れメロス』『津軽』『お伽草紙』『斜陽』『人間失格』などがある。

お縄になったんは、北田辺のマンションに住んどる時やった。うちは、直接には取引にかかわることはなかったんや。仕事？　パケ詰め[27]やな。まあ、こんな具合や。昼下がりやった思うけどな、営利のオトコが「下に社長が来てるから、（品物を）持って行ったってや」言うからな、うち、品物持ってマンションの下のロータリーに行ったんや。社長が帰ったらレーサーが来て「（ロッカーの）キー下さい」言いよる。うちがキー渡そうとして「あ……」言うた瞬間、ポリ――私服やったけどな、一五人位に囲まれよった。後で知ったことやがな、おっさんにポリの内偵入ってたんやな。

一人が「中川茂代か」言うてん。「ちゃうで、あんた、どこのヤクザやねん」返したらな、そいつ、（警察）手帳を出してな「お前が中川いうんはわかってんのや。オトコどこや」たたみ掛けてきよった。「オトコなんて居らんわ」言うとったら、他の刑事が「あそこや」言うてマンションの上を指さしてるやんか。なってないで、アホやで全く。折角、うちが時間稼ぎしよったんに、ベランダからチョコンと首出して見物しよるやんか。うちも観念したわ。まあ、

27　パケ詰めとは、覚醒剤一回使用分をナイロンの袋に詰めること。この袋をフウタイともいう。

パクられても、うちは手伝いしただけやんか、執行猶予位に考えとってん、その読みが甘かったんを直ぐに思い知らされたな。留置場にぶち込まれた後、この時の取り調べは、十代の時とは、かなりちゃう過酷なもんやったからな。[28]大体、逮捕後署に連行されてから、やること多いねん。「弁解録取書作成[29]」やら、指紋採取、写真撮影、身体検査、着衣検査、尿検査とバタバタやねん。その上に、ねちっこい取り調べやろ、短時間に精神ズタズタになんで、ホンマ。

署で尋問された時、初めはうちが黒幕で、相当悪い女いうふうに思われとったようやな。だんだんメクレてきてな、[30]刑事も分かりよる。ここの刑事は、今でも思い出すんやが、いい人間やった。オトコは罪をうちになすりつけよってんな。刑事が言いよる「あんなオトコと居ったらあかん。次元が違うワルや」てな。仁義なき戦いやった。「こいつ自分だけ助かったらええんか」思うてな、腹立って仕方なかったな。たしかにポリでウタう[31]ことは、仁義に悖《もと》る行

28 長時間におよぶ取り調べ、心理作戦を用いた尋問、不自由な留置場生活、変化のない食事などの環境変化に加え、将来不安を抱え、心情不安定になる者もいる。
29 逮捕時に警察官が作成する文書。被疑者の留置には不可欠なもの。
30 隠していたことが、徐々に分かってくること。嘘が段々とバレること
31 自白すること。犯罪の事実関係を正直にしゃべること。

為や。しゃかて、相手がそないなことするんやったら、うちだけが仁義もなにも考えることない思うてな、腹くくって、全部ブチまけてやったんや。やられたら、やり返す……これは、昔から、うちのモットーやってん。

ここは日本やから、もちろん弁護士を頼むことはできる。[32] うちも知り合いの弁護士を頼んだんやが、弁護士が面会に来て言いよんのや「茂代さん、お母さんに電話したのですが『おまえ、どこ電話して来よんねん。二度とかけてくんな』言うて切られました」てな。うち、お母ちゃんから見捨てられんのが、一番怖かった。母親はうちの恐れる人間ナンバー・ワンや。それは、ドンブリ鉢で殴られて頭割られるからやない。人間として、女として尊敬できるからや。

この時、ヘタレ弁護士に代わってお母ちゃん説得してくれたんが担当刑事の石田係長やっ

32　弁護士は、一回無料の「当番弁護士」、被告人本人が代金を負担する「私選弁護人」、金銭的余裕がない者が依頼する「国選弁護人」がある。起訴後は、弁護人をつけることが法律で義務付けられている。なお、拘置所における弁護人面会は、刑務官の立ち会いはなく、時間制限もない。一般面会は、一日一回、入室者も三名という制限がある。

た。「本人も反省してるから、一度でいい、面会きてやってくれんですか」言うて何度も電話してくれたらしい。結局、お母ちゃん、来てくれはったわ。うち、面会室で、土下座して謝った。涙しかでんかった。お母ちゃんが「あんた、クスリ、オトコ……女が一番したらあかんことや」と、静かな声で言うたんや。うち、泣きながら顔あげたら、お母ちゃんも泣いとった。重たい沈黙が、面会室に充満してたんやが、最後にお母ちゃんこう言った「してもうたことはしゃあない。これから先や、今日からや……一度だけ赦したる」とな。

留置場に放り込まれて、最初に面会来てくれたんはシンちゃんやってん。弁護士頼んでくれたんも彼や。金から下着からプーさんのタオルまで、いうたら懲役セットを段ボールで差し入れしてくれたんや。んで、「姐さん、泣くなよ、しっかりせい」言うて励ましてくれんのやな。この時は、人の情けが身に染みたわ。コトあったら(なにか事件があったら)良くわかる。こっちが落ち目の時に、応援してくれるんがホントの友人や。シンちゃんには、いまでも心の底から感謝してるで。

弁護士から「最低でも四年ですよ」と言われて、覚悟はしてたんやが、結局はこんなんで

拘置所への差し入れは、刑務所と契約した差入れ屋の物品である。写真は、大阪拘置所の近くにある「丸の家」

落ち着いた。罪名は、「覚醒剤営利有償譲渡」で、求刑六年、判決は五年、罰金一二〇万円いかれたな（判決：平成十九年九月二十一日金曜日十三時十分。控訴しなかったので十月五日金曜日に自然確定）。

■拘置所から大学へ

うちも、とうとう下手うって、ムショまで落ちたわけや。シャブの営利所持で五年食らったんやが、そん時のこと、まあ、大学……いうか、女子刑務所の中の話をしたるな。

最初、未決のときに入るんは、拘置所[33]や。これは奈良県の少年刑務所[34]の中にあるねんな。日本三大遺物という位の古さやね（ユネスコの世界遺産に登録すべきやな）。最初は独居入れられて、「はあー」いう感じで脱力感バリバリや、とりあえず寝転がってんな。すると、テキメンや。あちこちムズムズしてん。もう痒《かゆ》いのなんの、アカンねん、うち。言うとくけどな

33 拘置所は、主として未決拘禁者（刑事被告人）、死刑確定者を収容する法務省の刑事施設である。我が国では、刑事被告人は、通常、逮捕後、取り調べが終わるまでは警察の留置所に留置・勾留され、検察の起訴により裁判所の判決確定までは、拘置所に収容される。この時、未決拘禁者は、運動、面会、診察、取調べ、入浴、裁判出廷以外の用件で房を出ることはない。朝は七時の起床、夜は二一時の滅灯（就寝）まで、各施設の所長が定めた日課を房内で過す。ただし、拘置所は、自弁（自分のお金で購入すること）で食べたいものが購入できるし、面会、信書の発受も自由である。

34 奈良少年刑務所は、法務省矯正局の大阪矯正管区に属する刑務所。全国七箇所の少年刑務所の一つ。下部機関として葛城拘置支所を持つ。前身は奈良監獄で、当時明治四十一年に竣工した山下啓次郎設計による建築物が現存する。

奈良少年刑務所外観　中川茂代は、この敷地内にある拘置区に拘置されていた。

あ、シャブの幻覚[35]ちゃうで、ほんま虫がウヨウヨおんねん。最悪なんは脚がいっぱいある長い奴やった。早速、面会に来たお母ちゃんに頼んでな、フマキラー[36]ぎょうさん差し入れ[37]してもろうたんや。畳も裏返して、隅々まで効く何とかや。もう、フマキラーの臭いで、ラリってしまうくらい、消毒してな。「やれやれ一安心」と、思うたら、「はい、雑居移動」やて。うちは、初めてのことやし、三日間くらい、小汚い布団かぶって泣いてたな。もう、人生の光がなくなってもうたな。風前の灯火や。ただ、救いは、お母ちゃんが、毎日のように面会来てくれるやんか。こん時は、刑務官の同席もないしな。自由に話ができるのや。お菓子なんか何でも自由に手に入る。土曜日は出前もオッケーや。しかし

35　覚醒剤（シャブ）の濫用者は、薬物の副作用により幻覚を見る傾向がある。

36　フマキラー株式会社の製品、スプレー式殺虫剤のこと。

37　拘置所における差し入れは、拘置所と契約を結んだ「差入れ屋」のものでなくてはならない。たとえば、差入れ屋として有名な店に、大阪拘置所門前の「丸の屋」がある。

な、もう、真の自由はそこにないんや。自分の世界が、日々削られる思いやった。ただ、これは、まだ序章やったな。なしかて、拘禁中いうても未決やろ。刑が確定したら、そうはいけん。このビフォー・アフターの違いは、天国と地獄やで、ホンマ。で、運命の判決や。その瞬間から、スターならぬ女囚誕生や。早速、刑務服に着替えして、お菓子もホラな（捨てな）あかん（受刑生活開始：平成十九年十月十日水曜日）。面会も刑務官が同席するし、月に二回の制限がかかる。これで落ち込まんかったら、鉄の心臓や。まあ、懲役花子[38]なんかは、そこんとこ麻痺しとるやろうから、なんてないかもしらんな。

拘置所の雑居で一緒やったんが二人おった。皆仲良く同じ大学に行ったたな。ひとりは二十代の若い女やった。「あんた何したん？」聞いたら、すました顔してこう言いよったな。「うち、放火です」そして、その理由をくどくど並べとってん。要約すると、この子は、芸能人の追っかけキチガイやったんやな。あるとき親から嗜《たしな》められて、プチーン頭に来たらしい。そんで、自分の部屋のカーテンに火をつけて、燃え上がるん確認した上で、関東まで追っかけの旅にで

38　懲役花子とは、累犯者で、度々刑務所に収容経験のある者を指していう。男性の場合は、懲役太郎と表現される。

拘置所の一日	
7:00	起床
7:15	点検
7:30	朝食
7:50	自由時間
12:00	昼食
12:30	午睡
14:30	自由時間
16:10	点検
16:30	夕食
16:50	自由時間
21:00	消灯

全国の拘置所は、東京、名古屋、京都、大阪、神戸、広島、福岡の7カ所が独立型。その他の拘置所は、刑務所内の拘置区として存在する。本書の主人公が拘置されたのは、奈良少年刑務所内にある拘置所である。

たらしいわ。このカチカチ（放火犯）は、同じ大学で四年打たれたな。

もうひとりは、「やっちゃった」[39]やな。わが子殺し（二人やで）。大人しそうな上品な奥様やったなあ。余り口数多くない子やってんが、なんやヤキがまわったんか、わが子の首をエプロンの紐でくびって殺したらしい。これやから、ストレスの多い社会はあかんな。この子も同じ大学で五年やったな。ちょっと待て、言いたくなるやろ読者諸兄。うちは覚醒剤の営利目的

39 「やっちゃった」とは、子ども殺しの隠語。女子刑務所の受刑者の中では軽蔑され、犯罪者としての地位も低い。

所持で五年。我が子を二人殺して五年、このアンバランスさ、ホンマ、どう思います？

刑が確定したら、それぞれ任地の大学[40]に送られるわけや。うちは、近県の大学に移送された。手錠に腰縄下げられて、見られたもんやないわ。「女版人間失格」の気分やな。下向いて歩いとったらあかんねん。涙が勝手に落ちてきよる。かといって、前見ても何も見えてへんのやな。もう、頭のなか、不安が一杯や。かつて見た刑務所映画のシーン――イジメ、リンチ、ドツキあい、同性強姦。うち、どないな目に会うんやろ。考えるこというたら、それしか、ないねん。妄想膨《もうそうふく》れまくりや。バン！　いうて、移送車[41]のドアが閉められた時は、思わず飛び上がったもんや。

不安なドライブの同乗者は、うちともう一人やった。この女も、初犯とみえて、怯えとった。せやから、ふたりで、同乗しとる先生（刑務官な）に、「刑務所はどんなところですか」「ど

40　刑務所の隠語を大学という。
41　茂代の場合は、拘置所から移送先の刑務所までは自動車護送されている。他の護送手段として、列車や飛行機による護送もある。

う処遇されるんですか」と、ちょっと怯えフェイクしながら、下手に情報収集するわけや。うちらからしたら、ファーストタイムや、せやかて、先生は、見慣れた日常的光景やったんやな。顔色も変えずに「あなた達は罪を償《つぐな》うのですよ」としか、言わへん。シャバやったら、どないな手段使ってもイワしてんのやが、今は、ラジオ体操もできん位に、官製アクセサリー付けられとるがな。スグに諦めたな。女は諦《あきら》め大事やねん。川の流れのように～♪やな。

で、とりあえず、この世の見納めや、窓の外見よったんや。パチンコの123やら、ボンカレーやらの看板が後方に流れて行くやんか、「ああ、今度、これ見れるんはムショから帰るときなんや」思うてな、そんな普段なら目にも留まらん風景にも未練が残ったな。その時のうち、涙腺《るいせん》壊れとったんやろ、ボロボロ泣けて仕方なかったん覚えとる。この時だけは怖かった。マジでビビっていたな。今から行く大学が地獄でないことを、ひたすらうちが知っている、ありとあらゆる神に祈ったな。

■下獄（アカ落ち[42]）

生まれて初めてタバコもジュースも男もない楽しいドライブは、二時間もかからずに終了や。車が大学の門を入って、ドアが開かれる。眩《まぶ》しかったわ。先生から「さ、着いたよ、降りなさい」と素っ気なく言われたものの、身体が立ち上がるのイヤイヤ言うて拒否しよんねん。膝の関節ポキッって言わせて立ち上がるのは、相当な根性要ったもんや（下獄：平成十九年十二月四日火曜日）。

とりあえず、大学の玄関入るやんか。入学儀式[43]の開始や。まず、所持品、全部読み上げるんやな。「財布、黒革、金額三十一万二千三百五十二円（四捨五入せい）」、「櫛、ピンクの柄付」「バイブ、イボイボ多し、黒（持っとったらえらいわ）」……まあ、延々と続いたな。[44]お次は、裸になって直立不動や。耳から、頭からチェックされる。「ピアスの穴、右、二」いう具合やな。これをいちいち記帳するわけや。覚醒剤事犯の場合は、注射痕も丹念に見るな。一番最悪やっ

42　昔の女囚は、下獄したら赤い囚人服を着せられたことから、この呼称が付いたと言われる。
43　正式には「初入検査」という。
44　「領置調べ」のこと。刑務官が拘置所で作成された「領置品元帳」という帳簿と現物を照合する。

たんがな、ボックスの中でやられる身体検査や。刑務官が「両足を拡げて、前傾姿勢になりなさい」言うねん。何するか思うたら、その、なんや、お尻の穴を丹念にチェックされるわけやねん。いうたら男子刑務所の「ミテ肛門」[45]や。もう、恥ずかしいわ。座薬とシャブ以外は入れたことのない神聖なアナルに、ワセリン塗った指入れられんのやで。この時は、頭の中に花火上がりよってんな。しゃかて、このクソッ思うてな、今、屁ヒッたる……努力はしたんやが、充填不足やってん、不発やったな。その他、写真撮影と指紋押なつがあるな。

入学儀式の締《し》めは官物《かんぶつ》の支給やねん。「これがあなたに支給された官物です。大切に使用してください」と、しかつめらしく言われ、その血税で作った有難いお召し物を着るわけや。もう、こん時、まさか自分がこんなナッパ服着て、ここに居るのが信じられんかった（うち、ブランドは、ライカ製品がお気に入りやったねん）。なんや、非現実的な感じやねん。変な話、脱力感満載で、そこらにドーンと寝ころびたい気分やった。着替えたら、入浴場に連れて行かれて、風呂入ったな。入学したては独居（一人用の舎房）やねん。泣けて仕方なかった。その大学は、列車の車庫の側にあってんな。夜になると「ピー」いうて列車が停まりよる。後日、

45　肛門検査のこと。肛門内に、刑務所内で禁制品を持ち込むことを防止するために行われる。

十畳の雑居房（複数の受刑者を収容する房[46]）にある小さな窓から、そないな光景見よったらな、「ああ、ここがうちの人生、終着駅なんや」とか、思いながら、また、泣けてくるねんな。独居の三日間も、よく泣いたもんや。涙腺炎とか（そんなビョーキあるんかいな）、脱水症状にならんやったんが不思議なくらいや。

刑務所、いや、大学言うた方が、うちは慣れてるし、滑舌《かつぜつ》いいな。その中での生活について話さんとな。入学して最初の三日間は独居房に入れられて、その後の二週間は、観察工場（考査《こうさ》工場＝新人訓練の工場）に配属されんのや。そこで、うちの作業適正をチェックされんのやな。[47]観察工場では「クルクル」作りよったな（平成十九年十二月五日水曜日〜）。クルク

46　女子の更生施設は少ないため、男子受刑者のように刑罰の種類によって収容施設が分かれることがない。様々な処遇分類級の者が、同じ舎房に収容される。そのため、更生施設における「犯罪学校化」、すなわち、同房の者から伝聞することで新たな犯罪の手口を学習することが懸念されるのである。

47　「分類調査」のこと。仕事の配役先、作業指定のため、当人の適性を調査される。この配役は、刑務所の担当官が決める。配役先に不服があり、個人の希望に沿わないから変更して欲しいというような要求は、まず却下される。工場に不満があり、どうしても工場変わりたい場合は、意図的に懲罰級の問題を起こするしかない。

ルいうんは、百均で売っとる生クリーム絞りの上の部分や、ナイロンのところな。それを一日に何十個、何百個と作りながら、たまに先生に呼ばれて職業適正試験や性格テストなんかされるわけや。その後、正式な配置が決まる。ここで、隙があったら、他の受刑者に「あんた、何やったたんや？　何年持ってきたんや？」とか聞かれんねん。うち、重いから正直に言うと、ホッとすんのやろうな「自分の方が短い」思うてな。[48]ここで、嘘言うても、後から、ほぼメクレんねん。刑務所では何やったかが地位を決めんのや。もっとも、女子の大学はシャブ関係が最も多いな（こいつらは、あまり反省の色がないんが特徴や。パクられたんは運がなかったんや、まあ、他人には迷惑かけてへんからな……そうした言い訳かまして、虫わかしてる[49]んが多い）。その他、「あいつは〝おじゃまします〟や」言うたら空き巣屋さん。「あれは〝パンサー〟やで」言うたらドロボーやねんな（パンサーとは、『ピンク・パンサー』[50]のことや）。最

48　刑罰の軽重や期間が異なる者が同房になる女子刑務所特有の問題。刑期が異なる者が同房であることで、境遇の違いからヒガミなどの感情が生まれることがある。結果、同房者の規則違反をねつ造するなど、足の引っ張り合いといった行動を惹起させる危険性がある。

49　この場合は、覚醒剤を服用したい誘惑が募ること。

50　『ピンク・パンサー(The Pink Panther)』は、一九六三年のアメリカ映画『ピンクの豹』を第一作とするシリーズ物の映画。二十世紀後半を代表するコメディ映画の大ヒットシリーズ。怪盗ファントムとパ

悪なんは〝やっちゃった〟やな。これは自分の子ども殺した奴な。大体、大人しそうな女が多いけどな、〝やっちゃった〟は誰からも相手にされん最悪の罪やな。これは、大学出た後で分かったことなんやが、大学の中で肩で風切って歩きよる奴も、シャバ出たら見る影もない奴多いな。逆に、シャバで威勢のいい奴が、大学では小さくなっとる。面白い現象や。あ、言い忘れとったが、大学入ると名前ちゃうで、番号で呼ばれんのや（称呼番号）。L刑（長期刑）の受刑者は一番台、せやから、五年は一〇〇から一九九番、外国人は五〇〇、六〇〇～の番号やった。うちの番号、名誉ある長期刑、一三一番やってん。

リ警察のクルーゾー警部が、「ピンクパンサー」という薄桃色のダイヤモンドを巡って織りなすコメディ。

■刑務所工場

大学の中には、第一工場から第三工場があってな、第一が初犯[51]、第二と第三が累犯[52]多いんや。うちは、観察工場出たら、「あなたは第三工場です」と先生に言われて、この縫製部門に配属されたんや（平成十九年十二月二十日木曜日）。それ言われた時、いまやから言えるがな、第三？ なんでやねん。初犯は第一やろ、なして累犯といっしょやねんと思うたわ。うわーリンチや、強マン[53]や、どないしょう――ちょっと内心パニックやったな。しかし、そこは生野

51 初めて起訴された犯罪のこと。たとえ、過去に犯罪を重ねていても、逮捕され、起訴されることで初犯となる。なお、初犯と、初入とは異なる。罰金や刑の執行猶予の前歴がある者でも、初めて刑務所に入所するのが初入である。

52 累犯（るいはん）とは、①懲役に処せられた者が、②その執行を終わり、または執行の免除があった日から五年以内にさらに罪を犯し、③有期懲役に処すべきときに、これを再犯とし（刑法五十六条一項）、再犯の刑は、その罪につき定めた懲役の長期の二倍以下とする（刑法五十七条）と定めている。犯罪学的にみると、累犯は、一度罪を犯した者が再び犯した罪をいう。したがって累犯者とは、再度罪を犯した者を指す。この場合、刑法の規定とは異なり、最初の犯罪から再度の犯罪までの期間（再犯期間）のいかんを問わず、また、初度の犯罪と再度の犯罪に対してどのような刑の言い渡しがあったかを問わない（藤本、2011: 444-445)。

53 この場合、一方の意思に反した強制的な女性の同性愛行為を指す。

娘（大阪・生野生まれの娘）のうちや、最初でナメられたら終いや、モロテ食う思うてたか[54]らな、上辺は涼しい顔してた（つもりや。）

うちが配属された第三工場には三百人位おってん、内容は、紙工、ミシン工なんかが居ったな。紙工は、有名ホテルの紙袋や、ファミマの大入り袋なんかを作りよった。ミシン工は巾着のような袋モノを製造、うちらは靴下や手袋を縫いよったな。靴下・手袋部隊は、百五十人位おった思う。今でも、百均（百円ショップ）行って「五本指ソックス」見たら、縫製の癖から誰の作か分かる位や。人に負けるの嫌いなうちのグループは、成績メチャ良かったからな。うちが班長になってからは、いつもダントツの成績維持してたんや（班長任命：平成二十一年十一月二十六日木曜日）。

54　完全にナメられること。

■刑務所の一日

大学の朝は早うてな、六時三十分になったら、スピーカーが喋り出すねん。「起床の時間になりました。今日も一日頑張りましょう」てな。舎房では、それを合図に、速攻起きて布団上げや。朝点検（先生の点呼）まで三十分しかないわけや、バタバタやったで。一番手は布団上げ、べべ[55]はトイレ掃除と、それぞれの役割を大急ぎでせなあかん。

刑務所の一日	
6:30	起床、掃除、洗面
7:00	点検
7:10	朝食
7:50	出寮
8:00	工場作業開始
12:00	昼食
	屋外で毎日運動
12:45	工場作業開始
16:40	工場作業終了
16:50	入寮
17:00	点検
17:15	夕食
18:00	洗濯、自由時間
18:55	就寝準備
19:30	自由時間
21:00	消灯

現在、全国には、女子を収容する刑事施設（医療を除く）は、栃木、笠松（岐阜県）、和歌山、岩国（山口県）、麓（佐賀県）、加古川（兵庫県）、札幌刑務支所（北海道）、福島刑務支所、美祢社会復帰促進センター（山口県・ＰＦＩ方式の官民協働刑事施設）の９ヵ所である。

55 一番手が部屋に長く居る者か模範囚であることに対して、べべとは、新入りの囚人のこと。寝る場所も一番悪い場所であり、皆が嫌がる仕事を割り当てられる。

寝起きから気分の悪い「点検！　番号！」の先生チエック済んだら、七時十分から舎房でモーニングになる。初めの頃、飯の時間にな、面食らう儀式や思うてたことがあるんや。班長が飯を注ぎ分けるやんか、そしたら、皆で「せーの」言いよんねん。何や、朝から本引き（博打）でも始めんのかいな思うたら、新入り二人が、それぞれ一～四の番号を言うわけや。それ足した番号の位置にある飯が、一番手の人の飯になる（雑居には八名居るから、二人足して八がマックスにならんとあかん。せやから、四までの数字言うんやな）。同時に、二番、三番手の飯も決まるわけや。これはな、飯の量が多いの、少ないのと文句垂れんように、まあ、不正配食[56]防止のくじ引きさすわけや。これが毎朝の儀式やったんで。今でも、大勢で飯するとき、思わず「せーの」言いそうになんねん。

モーニングが終わると、七時五十分には身支度して「出寮」[57]、先生と一緒に工場まで行進[58]すんねんな（男みたいに軍隊式の手振りはなしや）。まあ、中学校の社会見学、思い出すよう

56　受刑者が食事の量（増減）を恣意的に操作すること。

57　刑務作業を行う工場に向かうために、寮＝居室（舎房）から出ること。

58　行進とは、二列になって整然と前進すること。男子の刑務所では手を大きく振る手振り行進があるが、女子にはない。男子受刑者の手振りは、行進中に受刑者の手から手に違法所持物が手渡されることを防止することが目的である。

な光景や。うちの場合は、縫製工場やから、さしずめ家庭科室や。先生が二名、黒板の前に立つ、うちらは三列に並んで作業場の注意を受ける。毎日やられたら耳にタコができる。大体、口上《こうじょう》はこんな感じやねん。

「おはようございます。今日一日、一生懸命に働きましょう。気持ちを引き締め、心を平和で安全作業守りましょう。無駄口、よそ見は事故のもと、決まった手順で作業に集中しましょう。服装の乱れは心の乱れ、正しい身なりで仕事に励みましょう。機械、工具は身体の一部、作業のはじめに先ず点検。作業終了後は、すみやかに手入れしましょう」

朝一発目から、これ復唱させられんのやで、面倒やわ、分かるやろ！まあ、うちらの場合は、他所と違って天突き体操[59]は無かったのが不幸中の幸いや。朝一、あんなんさせられたら、うちは歳いってるから倒れてしまうわ。

工場の作業は、午前八時から、午後の十六時四十分までやねん。十二時から十二時四十五分

59　天突き体操とは、手を大きく上方に伸ばすことが特徴。経験者によると、ラジオ体操より運動量が多いと言われる。

までが休憩、大食堂で昼食して、晴れた日は、毎日運動場に出れんのやな（ここでナンパされんねん）。雨の日は工場で体操や。昼食の時も、ハプニングがあんねんな。大勢が一堂に会するから、受刑者同士の摩擦が生じる。モノ投げて喧嘩する。すると、先生が十五人位、ビデオカメラ持って集まって来るんや。こんなんあったら、貴重な休憩時間が邪魔されるやんかなあ。

工場の作業中がまた面倒やねん。「ちょっとスイマセン、お手洗い」なんて言うて勝手に席立ったりしたら注意[60]や。先生に用事がある時は、挙手せなあかん。他にも班長と講談したい挙手、時間外トイレの挙手やねん。何や、大したことないやんけ……思うやろ、ちゃうんや。これをやらんと「不正講談《ふせいこうだん》」取られて、「説諭処分《せつゆしょぶん》」や。これ食らうと、減点処分やねん。進級[61]にかかわってくるから、アカンねんな。マイナスになるんや。

60　この注意には、担当注意から統括注意まで様々。注意が三回続くと、懲罰となる。ただし、注意連発すると担当刑務官の管理能力を問われることとなるので、出世に響く恐れがある。満期上等の受刑者などは、この点を逆手に取り、わざと問題を連発することで、担当刑務官に仕返しをする者もいるとのこと。

61　「累進処遇（るいしんしょぐう）」のこと。成績によって四級から一級までの緩和処遇を与えるもの。緩和される対象は、面会や手紙の発信といった外部との交通、物品の所持、集会などに参加す十六時四十分に終業したら、十六時五十分に帰寮（舎房に戻るんやな）、十七時に「夕点検」の点呼、片付けして十七時十五分には晩飯や。どんな年寄家庭でも、こんな早い晩飯はないやろ（夜に腹減ったら、非常食ハミチュー「歯磨き粉」のお世話にならなあかん）。十八時からは事実上のフリータイム、ここでは洗濯とかすんねんけどな、みんなアゴいってんな。[62] 十八時五十五分に仮就寝、二十一時には就寝やねん。まあ、大学いうところは、こんな退屈な一日の繰り返しやねん。

---

62 おしゃべりしていること。
刑者であるとのこと。
は全く鍵のない解放寮となるが、一級になるのは、刑務所に長年拘禁されている十年クラスの長期
る行動の制限である。班長クラスになると、居室の扉に鍵をかけない半解放の舎房になる。一級で

■刑務所グルメ

大学居って一番悲しくなるんが食事やな。銀シャリは正月以外口に入らんし（それも古米やで）、普段は麦飯食わされる。ごった煮なんか煮崩れし過ぎて、具材の判別がつかん有様や。牛肉は、戦中か……いうくらいお目に掛れん。大学の飯は、一口で言うとエサやな。そないな環境に居っても、頭絞って、女は少しでも旨いものを考案するんやな。

・アンコパン　「今日はパンの日や、頑張らな！」同房の仲間がいうのは、こないな調理法するからやな。ゼンザイとパンの食事が出るんやな。その時は、ゼンザイの小豆をスプーンで丹念に潰す、これでアンコになるやん。それを、半分にしたコッペパンに塗るわけや、さらにマーガリン掛けるとな、絶品やで。
・即席リゾット　朝食にヨーグルト（ヤクルトのソフィールかジョア）が出るんや、それを麦飯の上から掛けて、よく混ぜる。仕上げは、きな粉のトッピングやな。珍味やで。
・きな粉団子　丹念に麦飯潰して、団子を作る。それをきな粉にまぶして出来上がり。うちは丹念に潰すんが面倒やから、いきなし麦飯にきな粉掛けて食べよったがな。これは気分やな。
・ココア　なんてものは大学で出ることはないな。飲み物はお茶や。しかし、そこは知恵の使いよう。お茶にきな粉ぶち込んで、まぜまぜしたらココア味。

■刑務所の階級

女囚は名前やなく、主に番号で呼ばれる言うたが、もう一つ、身分が分かる仕組みあんねん。それは、胸に付けとるバッチやねん。禁固刑[63]はピンク、うちら懲役[64]は、初めは黄色スタートや。そこから、白、白に☆一つ（二級）、白に☆二つ（一級）となるんやな。

こないに言うたら、なんや簡単そうなんやが、これ一ランク上がるんが相当シンドイねん。なしてランク上げなあかんかいうたらな、「優遇」受けられんねん。そんで、受けられる特典が違うねんな。黄色は集会が月一回しかでけん。集会いうたら、お菓子食べられんねん。むろん、自分の金（領置金[65]か刑務所内で働いて稼いだ報酬金[66]）で買うんやで。あと、面会は月に

63　禁錮（きんこ）とは、自由刑の一種であり、受刑者を刑事施設に拘置する刑罰である（刑法十三条）。禁錮は無期と有期に分類される。

64　懲役（ちょうえき）とは自由刑の一種であり、受刑者を刑事施設に拘置して所定の作業を行わせる刑罰のことである（刑法十二条）。なお、女子刑務所収容者の九〇％以上は懲役受刑者である。

65　受刑者が刑務所などの刑事施設に収監される際に、刑事施設に預ける手持ちの携入物品のこと。刑事施設では、受刑者が持ち物や金品を所持することが禁止されているため、施設が領置品基帳に記載して保管しておく。預けた携入物品は出所時に返還される。なお、現金に関しては、領置金基帳に記載して、日本銀行保管となる。こうした金品保管の手続きを指して領置という。

66　報奨金＝作業報奨金とは、刑務作業を行った受刑者に対して支給される金銭。受刑者の勤労意欲

二回やったな（集会デビュー日：平成二十年五月二十八日。この日の甘味は、抹茶ケーキ、アルフォートクッキー、ミルクコーヒー）。

これが、白になると、集会が月に二回になるねん。そこに☆がひとつ付いたら、ビオレやサンダルも買えるし、面会も先生の付添無しで、月に五回できんねん。☆ふたつ付いたら、月に二回、マクド（マクドナルド）やパン（ヤマザキかリョーユーのレベルやで、アンデルセンなんかの高級品は無理や）も買えんのや。むろん、これはうちらがショッピングやなくて、先生が買いに行くんやがな。

涵養と、釈放後の更生社会復帰資金に充てることを目的とする賞与である。単純作業の報奨金は、月額二千〜三千円程度である。

■刑務所の規則

刑務所くる女は二種類おんねん。ひとつは、満期上等[67]！　喧嘩上等！　で問題起こす女な。こいつらは怖いモノなしやから、近寄ったらこっちがとばっちり食うねん。もうひとつは、うちのように、シャバとは違って真面目にする模範囚な。こんなところ一日も早く出たいいうマトモなタイプやな。大人しゅうしてた方が「優遇」受けられるし、その方が、刑務所の中楽やで。だから、うちは頑張ったんや。刑務所暮らしを一言で表すとしたら、ともかく「忍耐――ならぬ堪忍、するが堪忍」「短気は損気、損気は満期」やな。

しかしな、どこの社会にも足を引っ張るやつはおる。大体、大学の規則がメッチャ厳しいからな、それだけでも、進級は大変なんや。ちょっとでも規則違反したら、注意や懲罰[68]やねん。

67　満期上等とは、仮釈放を念頭に置かないこと。刑務所内で模範囚であれば、仮釈放の対象となる公算が高い。仮釈放とは、懲役または禁錮といった刑罰の確定裁判を受け、その刑罰が執行され、刑事施設に収容された受刑者が、当該自由刑の期間満了前に、刑事施設から一定の条件の下に釈放され、社会生活を営みながら残りの刑期を過ごすことが認められる刑事政策上の制度である。

68　喧嘩などの重大な規則違反を犯せば、独居拘禁となり取調べが行われる。その場合、手続きに従って罰則処分となる。懲罰で軽屏禁（けいへいきん）となると、最高で二か月間、独房の罰室内で昼規則いうても、なんや訳わからん小学校みたいなもんでな、たとえば、こんなのあんねん。

寮（舎房）にカレンダーがあるわけや。そこが破れているとする。潔癖《けっぺき》症の奴が、止めときゃええんに、それをキレイに繕《つくろ》おう思うてな、食事の麦飯の米粒を糊の代用として貼り付けるやんか、これだけで、もうアウト。そいつ懲罰やねん。あるいはな、うちの所持品の本を、同房のアカネという子が読んでいるのを先生に見つかると、これまた懲罰やねん。親切なおばあちゃんなんか、ミカンとかくれるんやがな、それも皮発見で懲罰やねん。しゃあかて……しゃあない、年よりの親切は受けなあかん、そんな義理堅いうちは、皮まで食べて証拠隠滅せなあかんかった。翌日は、食物繊維の過剰摂取で腹が緩くなったもんや。この懲罰や注意いう規則違反の指摘、先生によって違うしな、もっと言うと、先生の虫の居所でも違うんやな。先生に目ェ付けられたら、そこは女や、目が早いな、うちらのしそうなこと知り尽くしてるからな。学校では、先生が法律や。満期嫌なら、忍耐やな。

注意を三回もらうと「懲罰」なんてものを頂戴するんやが、そうなったら、その年はアカ

夜屏居しなくてはならない。

ン、もう進級はないねんな。そないな訳の分からん規則に加え、いつ、だれが「願箋（ガンセン）」[69]使ってチンコロするかわからんから、油断も隙もないわけや。ちなみに、刑務所でモノ言うときは全て願箋。「先生、うんこ出ません」いうレベルも願箋なんや。

チンコロもやけど、わざと人間関係悪くする、これを「空気入れる」いうんやけどな。堅気の世界もあるやろ「どしゃべり女」な、あっちにはうちが悪口言いよった、こっちには、あいつがこうこう言いよったいうような蝙蝠《こうもり》女や。うちもそんな目にあったことがあるんや。根も葉もあることなら、煙もたつんやが、根も葉もないことで空気入れられてみい……そんときは、「進級もくそもあるかい」思うて、こいつ大人しゅうしとったらナメよるわ、いい加減で一発いわしたろ、よっしゃ、消灯でバーン行ったろ思うてたんやけどな、直前でオカンに「アホか、あんた、そんなゲスと心中するんか」言われてな、崖っぷちで思い止まったんや。そいつからしたら、うちが手え出したら思うツボやからな。大学のモットー――「短期は損期！　損期は満期」いうて、一瞬の激情や怒りに負けたら、仮釈放の希望は露と消え、満期まで卒業できん

69　刑務所や拘置所に収容されている被収容者が、面会・物品の購入といった各種の願い出をする際に、その内容を書いて提出する文書のこと。必要事項を記入・指印を捺して刑務官に提出する。

いうことや。大学人たるもの、これを常に忘れたらあかんな。

日々そんな忍耐の日々やねんから、年に二回、大体四月と十月に工場で発表される進級の日な、先生が「今日は進級の日です」言うて、自分の番号言われたら、マジで心底ホッとするわ(優遇三類進級：平成二十年五月一日木曜日、優遇二類進級不可：平成二十一年十月二日金曜日、優遇二類進級：平成二十二年四月一日木曜日)。

ちなみに、うちは懲罰なしエリートやったから、進級は問題なかったけどな、ヤバイ思うたときはあんねん。転房したばっかの時やった。ある女の本がな、うちのタンスに入っとってん。ありえん思うたで。この時は「房内事情拒取(ぼうないじじょうやくしゅ)」いうて一週間取り調べ受けて調書作成されたな。まあ、この時は「懲罰」ちゃうて「訓戒」で済んだから、級が落ちることはなかったな。しかし、まあ、ひたすら工場で靴下の「糸きり」ばっかさせられたな(平成二十一年二月八日に事情拒取、二月十六日月曜日に訓戒処分決定)。この一件は、どう考えても誰かの陰謀や。うちに恨みや妬みを抱く誰かが仕組んでハメようとしたとしか考えられんわ。

せやかて、懲罰が怖いから、何もせんいうのでは、女が立たんし面白ないわ。たとえば、服装、作業着なんか、直ぐにシワだらけになるやん。アイロンなんていう上等な代モノは無いしな。そこで、作業着に水打って布団の下に敷いて「寝押し」すんねんな（男が居らんでも女の嗜《たしな》みや）。その作業中に、先生来たらアウトや。懲罰間違いなしの代物や。あとは、眉毛抜きな。大学では、わき毛剃りも、眉剃りもあかんねん。わき毛は見えへんけどな、眉毛は女子の身だしなみやからな（わき毛は諦めた）。毛抜きないし、どないしょ。裏ワザがあるんですわ、歯磨き粉、高級な奴ちゃうで、官物支給される粉歯磨きな。これを指に付けて眉毛つかむとあら不思議、眉がスルッと抜けよるわ。いずれも女の身だしなみする時は、新入りにシケ張り[70]させんのや。で、先生きたら、「ズッ！ ズッ！」いうて警戒の合図すんねんな。

このズッ、つまり先生やがな、まあ、いろいろおんねん。大体、何の先生や分からんけどな、大学では、二十歳そこそこの若造でも先生や。シャバ知らん若造が「先生」なんて毎日呼ばれとったら、図に乗るアホもおんねん。お前ら、制帽・制服脱いだら、そこらのガキやぞ思いよったな。こういうの「ペイペイ（新米）」言うとったわ。キチガイに刃物、ペイペイに権力

70　見張りのこと。シキテンともいう。

や。こんなことがあってん。かなり勘違いした先生がおってな、みな、腹に据えかねとったんや。ある時、工場でな、まあ普段は大人しい小柄な女が、顔色ひとつ変えんで、いきなしその先生を、松葉杖で、バッカーンいうてイワしてもうた。

その先生、「キャー、誰か助けてください」言うてたな。誰も何もせえへん。ザマー見ろいうんが共通の気持ちやな。松葉杖女は、即刻逮捕され、警察送りになったがな。まあ、うちらスッキリしたもんや。あるいは、こんなんもあったなあ。舎房の部屋には薬とか差し入れる小窓があんねん。ちょうど、ラブホの入口の横にあるようなやつな。そこから、先生の胸ぐら掴《つか》んで、締め上げた奴もおった。先生はヒーヒー言うて泣き入ってんねん、普段エラそうしとるんが、みじめなもんやったわ。

先生にも、いい奴もおれば悪いやつも居る。同じこととしても、そいつの裁量で、懲罰もらうからな、注意せなあかんのや。いい先生が担当や思って安心してたら、前置きなく変わりよる（配置転換）。これは天国から地獄やな。せやから、うちだけ違って、大学行った人間は、何べんも「ホンマこいつイワしたろうか」思うた先生居るはずやねん。うちも一万回位あったもんな。しかし、刑務所暮らしで楽したい、早く出たいなら「一にも二にも……ならぬ堪忍、するが堪忍」、「短期は損期！　損期は満期」や。お母ちゃんからも「しょうもない短気起こして、懲罰だけは絶対に食らうなよ」言われとったし、うちかて早う出たいからな。我慢、我慢の忍の一字やったな。うちは「満期上等」の筋金入りやなかったからな。

■刑務所のイジメと恋愛事情

しかし、大学で気いつけなあかんのは、先生だけちゃうからな。まず、イジメや。どこの社会でもあんねんな。最近、よく、子どものイジメがなんて問題になっとるけどな、親世代がイジメやりよるから、子どもが真似して当然や思うで。大学の中では、イジメのピラミッドできてたな。弱い軍団が、より弱い者イジメんのや。女やからなイジメも細かいで。汚いことすんの、イジメの対象やな。たとえば、コップの口を持つ奴おったら「誰がそこ持つの！あんた常識ないわ」言うてな（おいおい、常識ある人間やったら、大学に来てへんやろ）。トイレ行って手を洗わん子もやられるわ「マジ汚ったな――、あんた手洗ったん」いうてな。イジメられる子は、雑居で暴れて懲罰食らう――自分で落ちていく者居るしな。一番腹立つんは、面と向かってようせんと、願箋（がんせん）の下に付文して先生にチンコロするんやな。こういう奴は、死ぬほどシメたらんといかんが、巧妙にやりよるから、誰がやったか分からんねん。単独犯は、まず分からんな。

お次は、刑務所名物の同性愛や。考えるだけで、キモいわ。大学では、男役をトイチ、女役をハイチ言うんや。こいつらは、トイレの中でキスしたり、布団の中で「ドウキン」いうて、乳繰り合うわけや。もちろん、うちも誘われたわ。お婆から「おい、班長！　ワシの女になれや」言われたりな。もちろん「うち、そんなんやないんやで」言うて、彼女か彼か知らんけど、恋心傷付けんように、丁重にお断りしたがな……あかん、相当キモかったわ。そらな、男でも女でも、動物やからな、性欲はある。トイレのブラシが恋人やった女もおった。ある日、トイレ掃除行ったらブラシが無いねん。他のトイレの当番も「姐さんとこも無いの？　うちとこも無いで、おかしいわー」言いよる。なんやねん思うとったら、これでオナニーしとるところ現行犯で見つかったアホがおったらしい。お陰で、ブラシ・オナニー事件以降、トイレ掃除はイエローハットの新人研修ちゃうけど手でせんとあかんかった。まあ、シャバっ気が抜けん女は、布団のなかで、右手が恋人の代役しよるんやがな、具合悪いことに官物の布団いうんが、合成繊維やからな、行為に及ぶとカサコソ音を立てるんやな。悲しい行為がバレバレや。もっとも、そこは淑女の嗜《たしな》みや「あんた、昨晩は誰と寝たん、キムタクか？」なんか聞かんで、間違っても。

この国立大学（管轄が文部科学省やなくて法務省の大学や）というケツの穴から出るんはな、手順があるんや。まず、保釈される半年前にはな、「下調べ」いうんが入る。これがきたら、ああ、そろそろや思えるんやな。思わず、顔が「ニッ」となるけど、そこは神妙な顔してお白州に出んとあかん。その後、いよいよシャバに戻れるカウントダウンが始まるんが「準面」やな。ここからは「本面」↓「引き込み」↓「釈放」はいオメデトウということになるんやな。この時、同期の姥桜が、だいたい四人から六人くらい居んねんな。しかし、釈放されてシャバに出たからいうて、そん人らが幸せな一般の生活できるかは疑問やな。刑務所いうところは、更生のためにに入るところやけどな、残念なことに、大体いい事ないんや、余計に悪くなる思うで。しゃから「大学」やな……いろんな悪さ、要領、テクニック、そして絶望を覚える（教えてくれる大学）や。それにな、社会で通用する「常識」いわれることが、大学（刑務所）では通用しないんや。たとえばな、おばあちゃん（大学の住人やで）がフラフラっと倒れるとする。うちが思わず「あ、大丈夫ですか」とか言うて助け起こそうとするやんか（普通そうするんが人情やろ）、そしたら先生から即座に「あんた、何、人に触ってんの」怒られんのやで。そんでもって、垂れ流したりしたもんは「お前らでキレイにしとけ」言われんのやからな。たまらんわ。

この刑務所の高齢化は、まあ、無視できん問題やな。常習累犯窃盗なんかやっとる人に高齢化が見られるな。かわいそうやけど、こういう人らはシャバに居っても身寄りとか帰る場所ないやないか思うわ。

■「引き込み」が決まった日

忘れもせえへん、平成二十三年六月二十三日——朝から蒸し暑い日やったな、下調べが入った。工場で、五本指ソックスを束にして出来高勘定しよる時や、担当の先生がマイクで照合番号——うちの番号やで——を呼んだんや。他にも二人の番号が呼ばれた。一三一番……周りに居た同輩が「班長、下調べやで」との声を掛けられた（平成二十三年六月二十三日木曜日）。うちは涼しい顔（のつもりやったんやが、どないやろ）して、「ほうか」とか口では応えとったが、内心では「うわー、やっとここまで来た」と、心の中で叫んだのを覚えている。マジで、人生の嬉しいことトップ3に入るな。担当台（工場の先生の台、いうたら、工場シケ張り総本部やな）の前に一人ずつ並んで、アンケート用紙が配布された。その内容？「どこで、何を、どうしてパクられたか……その、いうたらプロセスを思い出して」を書くんやな。人によって事件が違うから、質問内容も当然に違うもんや。まあ、いうたら女囚へのオーダーメイド・クエスチョンいうやつやな。それを、鉛筆なめなめ、一週間ほどで作成して提出せなあかん。

これを出すと、お次に「準面（準面接）」が入る。うちの場合も、ジャスト一週間で準面が入った。うちの中では、想定の範囲内の面接やった。この時は、工場で、普通の縞々ソックスを箱詰めしている最中に、担当から呼ばれた。うちより周りの連中の反応が早い……「班長、準面や」と（平成二十三年七月十二日火曜日）。あっちでも、こっちでも「班長、準面」と話す声が、耳に入ってくるが、「ホンマやろうな、なして分かるん？」そう何度も、心の中で周りに問いかけた。しかしな、この大学を知り尽くしている年配バリバリの累犯のオババが――うちも五年大学に居ったら、大学を掌のように知っている気でいた。しかし、このオババは、「大学を、掌の手相のように、シワの一本々まで知り尽くしている」いわば、師範代やってん――処遇の先生が工場に入ってきた「その仕草で」分かったそうやねん。で、「はんちょ……準面のお迎えや」言いよるんで、「まあ、あんたがそないに言うなら、間違えないやろ」と、真夏の入道雲みたくムクムクと希望が湧きあがってきた。

処遇の先生に番号を呼ばれ、大学の別棟にある陰気な部屋まで連れて行かれた。口元がニヤケる一方、「もしかして、いや、そんなはずはない。準面の筈や……あのオババが言うんや、間違えない」と、何度も問いかけた。ドアを開けたら、全く知らんオッチャンが座っていて、重々しく、私が犯した罪、持ってきた判決、それから今日に至るまでの考え、反省、思いを尋ねた。次に、うちがホンマに反省しているかを調べる――これは、大学生活の素行調査やな

——を、当局がしたという話があった。事故や注意いう減点ポイントを調査した結果、仮釈放の可否を決定するんやな。まあ、うちのような不幸な女やなかったら、大学内で大人しくしておれば、刑期に対して四分の一の仮釈いうところや。普通なら、とっくに風まいてシャバに出ている筈やが、うちの場合は「営利（覚醒剤の営利目的所持）」が付いているだけに、これだけ臭い飯を食わされ、靴下を作らされたんやな。しゃあかて、男の場合は、たとえ初犯であっても、大学内で事故ゼロでも、営利でパクられたらご愁傷さま、満期は確実やいうことを後で知った。ともかく、この知らない男の人とのお話は、時間にして二十分位と思うけどな、愛用のピアジェを大学の無料貸金庫に入れてあるので、正確な時間は分からへん。

この面接は、次の本面（本面接）に際しての面接いうことやった。しかしやで、これからが悪夢の始まりやってん。もう、本面までがムチャ長やった。沈黙の一か月、二か月……これでもかと云うほど、時間が過ぎて行った。準面日が、平成二十三年七月十二日やった。うちの胸算用では、「まあ、三か月後には本面や、ウシシ……」位に考えとったんやが、その通りやった。十月十二日、工場内の暑さも一段落した頃に、本面が入った（平成二十三年十月十二日水曜日）。外野の「班長、本面や」という嬉しいヒソヒソ声に背中を押されて、処遇室に連れて行かれた。ドアを開けたら、保護会の人との面接やってん。これが超簡単に終了。質問は、準面の時と同じで、大学での生活が事故なしで五年間過ごしたことを、褒められた位のもんやな。そして、「あなたが反省していると認められた。よって、あなたを仮釈放しても良いという結果が出たので、通知しに来た」ということやった。「で、その仮釈放は、いつの何時」それは聞けないことなので、忍耐力を極限まで高めて質問を我慢した。ただ、この一言は甘美な響きがあった。もう、心はうれし涙で一杯やったな。工場に戻る脚は、軽く震え、転びそうになったことを覚えている。工場に入ると、誰彼無しに「班長おめでとう」お祝いのシャワーやった。口には出せず、軽いスマイルと、頭を下げる事しかできんかった。しゃあかて、「みんなありがとう」心の中では、大声で言うてたな。その日の夕食は、仲の良いツレが、うちの本面を祝ってくれた。まあ、祝ういうても、大学の中や、ドンペリ空けるわけやない。大学のお祝いいうんは、夕食のオカズと麦飯を、残らずに完食すること。ただ、それだけの事やってん。でも、その晩飯は、いつもと一味違っていた。どこが言うたら、恥ずかしいが、涙流しながら飯したん、これが最初や思うわ。

■釈放までカウントダウン

大学お祝い晩餐会のあとが長かった。カレンダーを穴が開くほど見つめる。今年中の出所は無理やな……そう何度も思い、ため息が出る。本面過ぎて一か月過ぎたが、何の動きもあらへん。うちは相変わらず、昼は靴下製造マシーンになったり、夜は読書したりと、真面目で単調な学校的生活を送っていた。あかん、あれはフェイクやったんやと、諦めかけた時、朝の工場に向かう出室前に先生が大きな転房袋を持ってきた。そして、ラシュモア山の石像も敬意を表すほど、眉ひとつ動かさずに「一三一番、転房」と一言発した（平成二十三年十月二十四日月曜日）。

ラシュモア山の石像でも、モアイ像でも、なんならハチ公像でも構わへん。この一言は、天からのお告げに聞こえた。心の底から、ヤッターと、万歳三唱したもんや。簡単なお引越しを終え、遅れて工場に出勤。うちにとっては最後の靴下を箱詰めする。工場はいつもと変わらぬ日々の風景やねんけど、うちの目には何かが違って見えた。うまく表現でけへんのやけどな、なんか明るく煙っていたな。それは、多分、うちの目がプロブレムやったん思うけどな。茶色の段ボールの表面に、点々と黒いシミができる。我慢してんのやが、涙が垂れてくんねんな。この名残惜しい工場勤務は半ドンでな、午後からは「希望寮（出所準備寮）」に引き込まれた。

■希望寮での生活

希望寮の部屋は、外の社会でいうところの2DKいう間取りになっててん。行動もかなり自由になるんや。食事する時の食器がプラスチックから陶器に変わる……ただ、それだけで、人間らしさを感じたもんや。あと、風呂が時間制限なしで入れる。テレビも長時間視聴可能になる……シャバに出て、五年間のブランクを感じんでええよう、これで必死に外の情報を収集したわ。この一連の恩恵は、出所を控えた者に、「少しずつ社会に慣れる練習の機会」いうもん与えることが目的のようや。

希望寮に引き込まれたのは、うちを含め四名やった。内容はツネポン（常に覚醒剤を打つ薬物濫用者）の覚醒剤使用、万引きが二人、このうちひとりは累犯バリバリ、もう一人は初めてのお婆ちゃんやってんな。そして、うちや……何を隠そう、初犯で実刑になり、仮釈放も僅か六か月しか取れんかったアホなうちや。中川茂代、罪名・覚醒剤営利目的有償譲渡。振り返って思うたな、五年間のブランク、社会に戻ってどないなるんやろ……シャバに戻る日の衣装合わせしたりとか、シャバ出たら何を食べるかとか、最初に誰に会いに行くかとか、とか、とか、明るい希望に満ちた話に花を咲かせる一方で、ギラギラした不安が、その醜悪な顔を垣間見せる。

出所前に、仮釈式での代表に決まった。嘘？　また班長かいな……別に手ェ挙げたんやないで、先生が決めよったんやからしゃあない。それから、日々の社会復帰準備に拍車がかかる。帰る先が無い人は、保護会[71]に行くんやな。もちろん、勤労の義務が憲法に明記されたシャバに戻るんやからな、皆、出所後の仕事を探さなあかん。出所日の二日前にハローワークに

71　更生保護施設のこと。犯罪をした人や非行のある少年の中には、頼ることのできる人がいなかったり、生活環境に恵まれなかったり、あるいは、本人に社会生活上の問題があるなどの理由で、すぐに自立更生ができない人がいる。更生保護施設は、こうした人たちを円滑な社会復帰支援、再犯防止の意図から一定の期間保護する施設である。施設数は、全国で一〇四施設あり、内男子施設が九〇、女子七、男女施設七となっている（法務省ＨＰ）。施設居住可能期間は、仮釈放の期間とは別で、おおむね半年間が限度。その期間内に働きながら、貯金をして部屋を借りる必要がある。所持金は保護会の施設長やスタッフにより管理され、部屋代、食事代等は掛からない。ただし、寮内においての飲酒などは不可である。筆者は、この施設入所者に対して、「手に職をつけ自立する」ひとつの方法として、六か月の訓練給付金（月額十万円）付求職者職業訓練「介護実務者研修」を勧めており、二〇一五年より複数の訓練実績がある。しかし、国の支援の二重取りであるという理由で、求職者職業訓練受講に難色を示す施設長もあり、施設ごとに温度差がある。

行ったんやが、ここで、面白いことがあってん。うちら、パブロフ犬[72]、あなた先生いう図やな。どういうことか説明したる。大学の中は、先生の号令なしには何もできんねんな。すべては号令に従った行動のみ。これを五年間やられたら、無意識に身に付いてまう。ハローワークに行っても、うちらは自然に一列になりよるし、先生の号令無しには動けんのや（ホンマは動いていいのやで、この場合は）。これには、周りの老若男女も怪訝《けげん》な目を向けてくる。先生も困ったようで、真っ赤な顔してモグモグ言いよった。「あの、みなさん普通にしてください」てな。しゃかて言わしてもらうとな、大学住人のうちらには、「これが普通やねん」。習慣いうんは怖いな。

72　ロシアの生理学者イワン・パブロフによって解明された、訓練や経験によって後天的に獲得される動物の反射行動条件反応のこと。パブロフによる犬の実験で有名になった。

■大学よさようなら、シャバの皆さんこんにちは

一週間の希望寮生活に終わりの日がきた。これは、あっという間やったな。と、同時に、午前八時に仮釈放。もちろん、『あしたのジョー』[73]に出てくる力石徹が東光特等少年院[74]でやったような出所スピーチはあったで。三十分位の式典で、書かれた文面を読み上げる。後ろの席に母の姿が見える——そこは身元引受人の席やねんな。気持ちは高ぶる、視界がぼやけるで、字い読みにくかったな。目と鼻から垂れ流し状態で、脚もガクガクすんねんな。十五分程、我ながらよう耐えた思うわ。記念スピーチのお次は、領置金、報奨金の受け取り、うちの報奨金は、五年間で二十万円位あったな。領置（三十五万八千三百八十二円・差入れで増えた）と報奨（十六万二千九百五十七円）合せて五十万位あった記憶してる。この時、感動したんは、お

73 『あしたのジョー』は、梶原一騎原作、ちばてつや画による日本の漫画。ボクシングをテーマとする人間ドラマである。山谷のドヤ街に流れてきた主人公の矢吹丈は、アル中の元ボクサー・丹下段平からボクシングの指導を受け、不良から足を洗って更生し、プロボクサーとしての道を歩み出す。とりわけ、少年院で出会った力石徹は、矢吹丈のライバルであり、ボクシングに打ち込むきっかけとなった人物である。

74 アニメに登場する特等少年院というものは架空の産物であり、実在しない。正しくは特別少年院（特少）である。

札を持つのが五年ぶりいう事実やってん。何とも言葉にできない気持ちやった……晴れてシャバに出られる。刑務所の門は、入る時は専用車両で抜ける「絶望の門」、しかし、このときのうちには「自由と希望の門」やってんな。その外には、母が待っていてくれた（平成二十三年十二月二十二日木曜日）。

最初で最後かもしれんけどな、うちは、思わず母に抱きついた。涙がナイアガラやったな。母も涙しながら「あんた、よう頑張った」と、その一言のみを発した。母のほかに、弟が車を運転してきていた。当の本人は面会室に行っていた。これも習慣のなせる業やろか。今日はうちの晴れの出所日なんにな、弟は、面会に行きよんのや。この弟にも、抱きついた。「姉ちゃん迷惑かけたな……ごめんな」言うたん覚えてる。あとは、またまたナイアガラ。弟は、黙って背中をさすってくれていたな。

涙のご対面が済むと、車に乗り込んだ。この自由が夢か幻か、うちは確かめるために、まずKOOLの煙草に火を点けた。なんと、頭がクラクラして、心気モーロー症になりそうになったので、直ぐにもみ消した。この時、カーラジオから流れる曲は、ＡＫＢのヘビー・ローテーションやったな。

ここはちょっと（筆者に）真面目に書いてもらいたい。シャバに戻る車のなかで、母がうちに手渡したもの、それは、うちが大事にしていた宝石箱やった。何年ぶりかに手にする指輪、ピアス、ヴィトンのバック……。うちの見栄張りの性格を誰よりも知っている母らしい。いや、母やからこそ、こないにピンポイントの気遣いをしてくれるんや。うちが大学に入って以来、この日ほど涙腺を刺激された日はないと思う（しゃかて、これは入学の時とは違うて、嬉しい刺激や）。母は、黙って外の流れる景色を、サングラス越しに目で追っていた。うちは、それらの品を押し頂いて、一つずつ、指輪をはめた。どれも緩くなっていた。もう、昔のうちじゃない。指輪を宝石箱に落とす。カチンという金属質の冷たい音が、必要以上に大きく響いた気がした。涙がまた溢れた。母が、振り向かずにボソッとつぶやいた。「茂代、あんた痩せたなあ。今日から、美味いもん、お母ちゃんが一杯食わせたるさかいな」と。うちは、声もなく泣きつつ、頷きながらバッグを開けた……そこには、なぜかゴディバのチョコレート缶。それはキラキラと輝くお日様のよう、古びた、うちの過去に犯した罪を知る黙《もく》した宝石たちよりも、温かく美しい光を放ってたな。なしかて、そのゴディバには、きっと母の愛が詰まっていたからや。うちは、そっと箱の蓋をあけ、一粒のチョコレートを口に含んだ。この時食べたチョコレートは、自信をもって言えんな。人生で最高に甘く、そして後味の苦いチョコやったと。

うちの感傷タイムがどの位続いたかはわからんな。そん時は、時間が超スローに流れてたから。しゃかて、そうした感傷の世界から、うちを引き戻したんは、お母ちゃんの落ち着いた声やった。「キヨシ、茂代な、普通にモーニング食べたいみたいや、どこぞ見つけた喫茶店に入れたってや」うちは、もうこれ以上の愛に耐えられへんかった。母が、むちゃくちゃ愛おしく、絶対的な存在感で、うちに覆いかぶさってきた。うちはこれまで、母の愛が分からんやってん。うちは関西一の、いや日本一の大馬鹿娘や」思うて、自分が情けなくなった。自分がどうしょうもない馬鹿に思えた。もう、決してアホな真似はやめよう。今からでは遅いかもしれへんけど、母になにか一つ、誇れることをしよう。母には到底及ばんかもしれへんが、何か、誰か……のために役に立つ生き方をしよう。命と時間、そして母の愛を大切にしよう。母もいい年や、もう、どの位一緒に居れるか分からへんけど（神様、うちの命を短くしても、何なら、明日、死んでもええ、母を長生きさせてください。うちは祈った）、母の生きている内は、二度と裏切らへん。母との時間を大事にしよう。母の顔を傷つけまい。うちは自分に固く約束した。

キヨシが運転する車が減速した。大きなサービスエリアに入る。「茂代、モーニング行こ」母は、家で言うような軽い口調でうちに声を掛け、体格の割にさっさと車を降りる。「姉ちゃん、ここの飯、美味いんや」キヨシが追い打ちをかける。うちはヴィトンをつかみ恐るおそる車外に出る。その時、一陣の強風が、うちを押し倒そうとするように吹き抜けた……ような気がした。シャバに出て初めて、うちは多くの人を、車を、トラックを見た。そこに居る、タクシーの運ちゃんの肩をポンと叩くこともできる。自分の意思で、先生の号令を待つことなく、自由に歩くことができる。目を伏せることもなく、声をひそめる必要もない。うちは、意味もなく隣に停まっているトラック「引越しのサカイ——私は法定速度を守ります。お先にどうぞ」と書かれた文字を指でなぞっていた。見慣れているが、改めてじっくり見たパンダの絵が妙に可愛かった。

「おい、姉ちゃん、どないかしたん」キヨシに肩を叩かれ、うちは我に返った。「せやなあ、うちどないしたんやろ。ちょっと、時差ボケや」とかなんとか、言った記憶がある。キヨシが咥えたタバコを奪って吸ってみた。やはり不味い。うちはタバコをもみ消し、弟に肩を抱かれるようにして、パーキングエリアの中にある喫茶店に向かった。

■帰ってきたで

自宅に戻るまでのドライブは一時間ほどの快適なひとときやった。モーニングは、母の分まで頂戴してもうたんで、腹いっぱい。うつらうつらしながらの道中やってんな。その切れ切れの夢のなか、うちは大学とシャバを何度も行き来していた。シャバでモーニングしてたら、パーキングエリアのウエイトレスが先生になっていて、「一三一番、帰寮」言うたり、母親が「もうええ加減に堪忍したり」と運転席に座った先生に命令したり、「いらっしゃいませ。何にしますか。星二つならマックもありますわ」と、にこやかな売店のおばちゃんが先生の声で言うたり……その度に、ビクッと目をさまし、隣のお母ちゃんの肩を触って、「これは夢なんや」と自分に言い聞かせていた。

お母ちゃんも、そんなうちを見て（外見てるはずなんやがな）、うちの肩に軽く手えまわしてくれていた。「姉ちゃん目え悪うなったんか」キヨシが運転しながら尋ねる。「なしてや」とバックミラー越しに目を合わせると、「いやな、さっきから眉間《みけん》にシワ寄ってんで」こと無げに言う。これは、後で分かったんやがな、目が悪うなったんちゃう、「目つき」が悪うなってんのやな。大学の中は、一部のツレ除いては、鵜《う》の目鷹《たか》の目《め》で、足をすくってやろういう輩ばかりやったからな。そら、しゃあない。目つきも鋭くなんで。せやから、ライオンズやロータリーなんかがサファリパーク見に来る時（市民の刑務所参観）は、目え合わしたらあかんのやな。なるほどやっと納得。人間、なんやいうても環境の生き物や。

実家に近づくと、見えない壁を通りぬけたように、パッと視界が明るくなったような気がした。鶴橋の焼き肉屋の臭い（車内やから臭うかいな。そんなアホなやな）まで、鼻孔をくすぐるような気がしたもんや。と、母が携帯を取り出し、どこぞに電話を掛けた。うちのダンナとは、もはや言えへんのやけど、元ダンナ様……うちが出所したと伝えたようで、無言で携帯をうちに握らせた。「ごめんな、迷惑かけて」急に呼吸困難に見舞われ、うちはそれだけ言うんが限界やった。元ダンナ様の返事も聞かず、携帯を母に返した。涙が、乾ききったはずなのに、またまた華厳《けごん》の滝《たき》。母の話し声がかすかに聞こえる、聞きたくない。聞きたくないけど、聞いてしまう自分に腹が立つ。肩に添えられた母の手のひらの温もりが心地よい。

実家に着くと、妹が階段を駆け下りてきた。手には……何や、ステンレスのボールを持っている。それを受け取った母が、手ずから豆腐を差し出す。「一口齧《かじ》って、あとは足で踏みいな」

母が小声で言う。うちは、豆腐を食べて残りを足で踏んづけた。真っ白になって、二度と大学に戻らないためにという意味を込めた儀式やことを、初めて知った。そういえば、うちの子ども時代、社員さんが男の大学から帰ってくると、いつも入口でなんかしてはったなあと、思い出した（なぜか記憶がモノクロやってん）。まさか、自分がそないな儀式をするとは。

実家の二階に上がり、お茶を済ましたうちが向かったのは保護観察所。無表情な係官から、様々な注意を受ける。要は、規則、規則、また規則。うちの満期日は、平成二十四年六月二十四日やったから、約半年の仮釈やってん。これまでの人生で一番マジメに過ごし、エリート女囚やってたのに、五年の内、たったの半年。それでも、あるだけ幸せやんか……とか思ったりもした。もう、二度とこのような屈辱は味あわへんで。お母ちゃんには及ばへんが、お母ちゃんの娘として恥ずかしくない生き方するいう決意は変わらんかった。まあ、係官の心証害しても「ひき戻し」[75]にはならんの分かってんやが、一応、神妙な顔して注意オンパレードのマズい歌を聴いたった。

75　仮釈放期間中に、重大な規則違反が発覚した場合、仮釈放が取り消され、残りの刑期の期間を、刑務所で服役しなくてはならない。

大学から戻って、外の世界で、いや、ハッキリ言うと、世界中で一番会いたい思うてた、しゃかて、誰よりも会い辛いかったんは、何といっても二人の子ども……そして、元ダンナ様。二人の子どもが実家に来た瞬間、うちは、隠れてもうた。胸がドキドキ、史上最悪の不整脈になりそうやった、あの子ら、本当にキレイになって……うちは心の中で、元ダンナ様と母に手を合わせた。どのくらい隠れていたか覚えていない。「あんた、いつまでも何してんのや」いう母の声に我に返った。「早う会うたり」と、母は、うちを引き立てるようにして、子ども達の前に連れてゆく（ホンマにバカ力なんやで）。もう、娘たちの影が見えたときから、言葉が詰まって、涙が下まぶたに溜まり、視界がぼやける。思わず、身体が勝手に動く。走り寄って、抱きしめて、抱きしめて……そして泣いた。もう、うちには謝るしかできんかった。「ごめんね」「ごめんね」……「母親として何にもできんかったうちを許してくれんやろうけど、本当にごめんな」何度も言っていたらしい。母が、「もうええ……こっち来い」いうて、娘たちを、うちの縛め《いまし》からそっと外した。元ダンナ様は、この日、ついに顔を見せることはなかった。娘たちに「オカンに甘えてこい」とだけ言うて、送り出したらしい。内心、一瞬のことやってんが、腹立たしく感じた（この気持ちは、初めて吐露《とろ》すんのやで）。いや、これはうちのエゴかもしれん。せやけど、母の気持ち——何とも言い難い、情けない気持ち——を、母の子ゆえに察した。あの母が情けない思いをする……うちの所為で、そんな姿を見せ得なかった母、情けない思いを負わせてしまった母に、うちは、心の底から謝った。

晴れてシャバに戻れてハッピーもつかの間や。うちは心入れ替えて真人間再開活動しよるのに（人生において、うちの真人間期間いうたら、そりゃあ短いもんや）、六畳の我が家を訪ねて来るのは、過去の亡霊ばかりやねん。「姐さん、品物（シャブ＝覚醒剤の隠語）分けてください」「姐さん、おカネ貸してください」「姐さん、一晩泊めてくれます」「姐さん、三日間何も食べてないのですわ」「姐さん、男が……」もう、いい話はないな。昼夜構わず二十四時間、何か来よる。「ピンポーン」鳴るんが怖かったな。たまに出たら「NHKですが」イラッとくる訪問者も居ったな。しかし、何や性分かいな、「姐さん、困ってまんねん」言われたら、つい話聞いてまう。そしたら、何とか出来ることはしたろう思う訳やん……悪循環やな。さすがに保護観付いてる時は、トバッチリで「引き戻し（仮釈放が取り消されて、刑務所に戻ること）」されるのが嫌やさかい及び腰やったんやが、一年もしたら度胸座ったもんや。たとえば、こんな悲しいストーリーがあんねん。

いつも厄介の始まりは、だいたい一本の電話やねん。この日も、不幸の電波がうちのケータイを直撃したんや。

■不幸な出来事1

いろいろと不幸な電話はありよるけどな、いちいち振り返ったらキリがないしな。トップ2だけ紹介するわ。この不幸な電話があったんは、そろそろ小腹が減る午後四時位やった。「姐さん……お金貸して欲しいんやけど」消え入りそうな（女の）声が受話器から漏れてきたんや。「何や、ウオーリー、あんたシャブやり過ぎでボケたんちゃうの、大丈夫？」言う、うちの心配無視こいて、泣きごと連ねよる。「姐さん、うち殺される……お金貸して」ビッグな泣き入れよる。これはいつもの能天気なウオーリーちゃうなあ思い、「で、あんた、今どないな状態になってんのや？」と、冷静に尋ねたわけや。いつもの癖でな、そんな時、うちは鉛筆とメモを用意してんねん。

「うち、拉致られてんねん」トラックに轢《ひ》かれたネズミのような声で訴えよる。電話の周りには人が居る気配がしてんねん。咳払いの音が電話に入る。「しゃあから、どこの誰に拉致られてんのや」と重ねて尋ねたんやが、「おおえのいとがさんいん……ヒック……おわい」あかん、泣きよるから言葉にならへん。

しゃあないから「あんた、そこに居る拉致犯人と話しさせてえな」いうて、電話変わってもろうた。「はい」電話から男の声が漏れる。「はい、あんたが拉致犯人なん？」「われ、誰が拉致犯人なんや。事の次第分かって言いよんのやろうな、こら！」「分からんわ、しゃかて、ウオーリー泣いてんやんか」うちはあくまで冷静に徹したな。この電話の声聞いて、まず思ったんは、相手はヤクザやということやったな。やけにドスが利いた声で「どうでもええが、あんたがこいつのケツ持ってんのかいな」だんだん相手のペースに巻き込まれそうになる。素人やったら、へつらい敬語になってんな。「せやなあ、そうしてもいい思うてるんやが、まずはウオーリーどないな状態になってんのやろうなあ……ちょっと代わってもらえる」

なんか電話の向こうで即席のショート会議が行われた後、ウオーリーが電話に出、少しは落ち着いた声で、場所を伝えた。

「西成の職安の手前を左折して、三本目の交差点の角のビル、二階にいてます」と。

「わかった。一時間で迎えに行ったるから、安心して待っときいや」言うが早いか、うちは即、知り合いの男の電話番号を回した。

電話に出たタカシに、相手の都合も聞かずに「あんた、直ぐに車まわして、うちん家まで……どの位で来れんねん」。タカピーなおねがいしよった。そこんとこ了解している優しいタカシは、「わかりました。姐さん、十五分で行きますわ」と言うて電話を切った。まあ、こんなあんな問題があったら、この子に電話しよったわ。頼りになるねん。

十五分は無理やったけど、二十分でタカシは来た。うちは、ナメられたらあかんから、身支度だけはちゃんとして出たな。こんな時、間違ってもスエット姿で行ったらアカン。髪にはちゃんと櫛入れて、ミナミの高島屋に行っても笑われん格好で行く。まあ、イメージとしては、どこかのママのご出勤やった思うわ。

西成の職安の近くにはヤクザの事務所、賭博場が散在する。付近には覚せい剤の売人も多い。

マンションの一階に降りたら、タカシの車に乗り込んで「急いで、西成の職安な」とだけ伝えた。彼も聞きたいことは山盛り思うが、この時のうちの雰囲気から、よう何も言えんかったんやな。黙って前向いて模範的運転しよった。

うちのマンションから、西成の職安までは二十分位やねん。約束の一時間には、余裕をこいて間に合った。「タカシ、ちょっと待ってや」いうて、うちは西成のファミマでタバコとコーヒー二缶を買った。コーヒーをタカシに渡し、タバコに火を付けながら、ウオーリーの一件を話した。

「で、あんたはどう思う」尋ねたら、「そうですねえ……あの姐さんのことやから、シャブ関係のもめ事やないですか。それやったら、姐さんが出て行かんでも、ヒネ[76]に言うたらどうですか」と、心配してくれる。「せやかてなあ、ヒネに言うたら、ウオーリーも持って行かれるやろ（逮捕されるやろ）。しゃあから、うちが一人で行ったらないかん思うんや……あんた、悪いけど、ここで待っといてな」そう言い置いて、うちはウオーリーに指定されたビルの階段を登った。

ノックと同時に「はい」と応える男の声。直ぐにカビ臭い事務所風の部屋に通された。内心は「こらヤクザの事務所やで……どこの組や」思っていたんやが、うちの心配は杞憂《きゆう》やった。地元で悪いこと長らくやってると、世界人類皆兄弟、知り合いも多い。別室のドアが開くと、人相の悪い三人の男に囲まれてウオーリーが小さくなっていた。その中のひとりが「あっ、姐さんやないですか」言うて立ち上がった。うちは「うわ、ラッキー」と思いながら、「あんた、久しぶりやな。昔の積る話しもあるけどな、今日はウオーリー迎えに来てん……責任者ど

76　警察官のこと。ポリ、ヒネなどの隠語で呼ばれる。

ん人」ちょっと岩下志麻[77]ばりに落ち着いて尋ねた。

「いや、責任者いうもんも居てへんのですわ。しゃかて、この姐さん（ウオーリー）が、ちょっと問題起こしよりまして」

「その問題いうんは、人が生き死にするような問題なん？」

「そないなことも無いんですが……」

「じゃ、この場はうちが預からしてくれんか。とりあえず、ウオーリーの身柄、返してもらうで」ホンマはビクビクもんやったけど、強気に出た。ヤクザ相手に、下手に出たら舐められて、すんなり通る話しも通らんくなることを、四十年間で学んでたからな。

「姐さん、ちょっと待ちいな」言いながら、一番若くて凶悪そうな男が立ち上がった。一瞬、岩下志麻フェイクが崩れそうになったことは認めるが、うちはピクリとも動かんやった。こんなピンチになった時は、うち、いつも考えんのやな「お母ちゃんやったら、どないするやろう」って。ミナミのカジノ・バー事件（「母のエピソード1」（一三一頁）の中で詳述）の時の

77　岩下志麻は日本の女優、家田荘子原作のルポルタージュに基づいた「極道の妻たち」の映画で主演女優を演じた。一九八六年（昭和六十一年）東映配給網により公開されたヤクザ映画。

お母ちゃんの噂は、周りから何度も聞かされた。うちもその母親の娘や、親の顔に泥塗る真似できんわ。そん時は、それしか考えられんやった。

「おい、おまえ待てェや」いうて、知人のヤクザが、凶悪ヤクザの腕をつかんで「わかりました、この場は、姐さんに預けますわ」言うた。

うちも、フェイクの限界近かったんやが、平静を保ちながら「そうか、おおきに」と軽く返して、ウオーリーのグニャグニャした身体つかんで、立ち上がらせた。細身のウオーリーが、重たかったことは記憶にあるが、多くの記憶は飛んでんな。気が付くと、タカシがウオーリーを引き取ってくれ、うちは、助手席に転がり込んだ。こっちの方も、脚がゴムみたいになってたな。さすがに緊張したで。

後部座席でウオーリーがくどくど語る話しによると、ことの起こりは品物の上がりを、ウオーリーがピンはねしたと誤解されたらしいねん。彼女は、シャブでボケて注意力が不足してたからな、どうもそこに付け込まれて品物を抜かれたらしいんや。うちも経験から言うと、品物にまつわる仕事してたら、内に対しても、外に対しても気が抜けん。シャブ屋が自分でボケてたら、命がいくつあっても足らんのや。今回の事件で、ウオーリーもちいとは懲りた思うな。

いや、懲りてもらわんとあかんのや。学習能力が低い人間は、アウトローの世界では長生きできんからな。

■不幸な出来事2

大学で一緒やったミキいう子、うちより長い大学生活を送ってたな。中で知り合いになってんな。歳は、うちよりも随分と下やってん。しゃかて、そやから慕ってくれてんやな、うちのこと。この子の名前が、うちの子どもと同じ名前やったこともあってな、何故か気になる子やったな。うちの方が遅く来て、早く戻る刑期で、とりあえず、うちがお先に出所いうわけ。

受刑者は、身内と本人が指定する者（もちろん前犯はなし）以外、文通は許されていないから、出所前に、あらかじめ設定して、名字や住所書いた「身分帳」いうのに登録する。そういう事情でな、うちが出所して、ミキが晴れて出所するまでの間、文通してたんや。

つい最近の事やねん。何とも悲しい、情けない結果に終わった思う出来事があってんな。まったく、エンドがよろしゅうないわ。この日、朝からよう晴れた、寒々とした日やってんな。ミキから電話が入った。ミキは仮釈放を一年もらって出所することができたんやがな、身体引き受けが無いんで、保護会に世話になった。うちの未来カレンダーをチエックすると、まだ、半年ほどの仮釈が残っている筈なのに……うちはが戸惑う不幸な電波が、またまた携帯を直撃してん。はなっから、ミキは泣いていたわ。その内容とは、保護会から逃げて来たらしく、男とできていて、シャブを打ってしまったという締まらんもんや。

「嘘やろ!!」普通は、信じられんことや。即日、ミキは男と連れだって、うちのマンションにやってきた。会うなり「姐さん……」と一言発したミキは、うちとハグしてピーピー泣くばかり。この時のうちの心境は複雑やったな。ミキはうちを慕ってくれて、いろいろと世話になった。うちも大学のかわいい後輩や思う。反面、あんた、なしてそないなこと(仮釈中に覚醒剤使用)するん? 本当にバカやで、あんたは……と思ったな。ホンマは、ビンタの一発や二発はお見舞いしてやりたかったんやが、そこはグッと我慢した。

相手の男にカマシ[78]ほり込んで探るけど、中々の男や。「姐さん、えらいこと持ち込んで、すんません。じゃけんど、ワシはクスリんことは、一切知らんやったことですけん。そげえな素振りあったら、止めたとですが」という具合で、一切、知らぬ、存ぜぬの態度や。そして、うちのことをミキに聞いていたいうて、「こがあな、よか姐さんが居って、アホなことしたんなら。

78 脅し、ハッタリの意味。

こんなはあ、こん姐さんの期待を裏切ったんど」と、うちを上げながら買収しようとした。うちは悪い道では、かなりの場数を踏んでんから、即、警戒レーダーに引っ掛かったな。端からこの男が怪しいと、ピンときてたわ。後々メクレて、ミキが話したことは、その男は、はじめミキに近づき、シャブ打ていうて言い寄ったらしい。うちは、開いた口が塞《ふさ》がらん思いやった。「で、男は何や、シャブ屋かいな」と、尋ねると、良くわからないとのこと。年齢は五十代半ばで、元ヤクザやったそうである。何でも、その業界では、ある時期に一世風靡《いっせいふうび》した悪名高き○×組で、組長の秘書兼運転手をしていたそうである。

まあ、そないな飯を食った男やったら、クスリをやるのも当然や。うち的に納得してん。そこで、ミキいわく「彼がなあ、クスリを抜く点滴を打ってくれるところあるから、そこ連れて行ったるから安心せいと、言うてたんやが、一向に連れて行ってくれんねん。うちはもう不安になって……姐さん、ホンマにすいません」と、愚痴をこぼす。ミキとしても、保護会に戻ると、尿検をされる、クスリの使用がバレる、刑務所に引き戻されるという図式が暗算できるから、そのピンチは理解できるようやった。さらに、うちが頭の中の刑務所ケースブックを調べて、量刑ページで、ミキの引き戻し後の刑期を想定すると、残りの仮釈一年＋覚醒剤使用の新たな懲役一年半程度で、合計で二年半から三年の刑になりそうやった。そら、こんにちはしたシャバから、早々に大学に戻るんは、ミキだけでなく、誰でも悪夢やな。焦りまくる気持ちも分からんでもない。しかし、それが分かっていて、なしてこないなアホなことするんか、うちにはそこが腹立たしくてしょうがなかったな。

悪さはしたけど、引き戻しされるんが嫌で、挙句《あげく》の果てに、うちのことが脳裏に浮かんだそうで、藁《わら》をもつかむ思いでH県から大阪まではるばるやって来たという訳や。もう、こんなんばっかですわ。結局、刑務所つながりはこないなストーリーしか作れんいうんが、悲しかった。せやかて、ここで、説教しても、盥《たらい》一杯の涙流してもろうても、事は解決せんわけで、何とかせなあかん。うちは、即日、行動を開始した。

まず、知り合いの病院に電話を入れ、点滴の予約を取る。シャブ抜き病院は、以前は近場にあったんやが、最近は場所が変わって不便になった。ヤクザな彼氏には遠慮してもろうて、ミキを車に乗せる。車内でもぐちぐちと泣き言を並べるミキの対応をしてたんで、道中は、普段の二倍の時間が掛ったような気がした（頭の中に絵図を書かなあかんから、口を縫い付けたかったで)。病院は気安いもんで、直ぐにミキは処置室に消える。シャブ抜きの点滴代は、とりあえずうちが払い、近くのコンビニでタバコを吸うのも束の間、直ぐに、電話で、シャブ検査用キットを段取りする。

保護会は、外泊禁止の規定があるから、とりあえず、対策を講じる必要がある。こないな場合は、大学で学んだ知識が役に立つ。とにかく、外泊の必要性を認めさせなくてはならない。順序としては、シャブの検査が優先する。シャブの陽性反応さえ出なければ、なんとかなる自信がうちにはあった。

処置室から出てきたミキを再び車に乗せ、シャブ検査の会場に電話を入れる。ここはうちの知り合いの会社や。「例の段取り、どないですか」言うたら、社長が「出来てんで、いつでもおいでな」いう頼もしい返事しよる。少しは心が晴れた思いやった。しゃかて、ここで、うちが楽観的な顔してたらあかんので、難しい顔して「えらい迷惑かけますなあ、ホンマにすいません」言うて電話を切る。ハイヤーのオッチャンに行先を告げ、うちは目をつぶった。今日のミキの対策を考えること、抜かりがないかチエックすることに集中した。

会社に到着すると、嫌になるほど顔なじみの社長と社員さんが出迎えてくれる。会社いうて、カタギの会社やで。スグに応接室へ案内された。社長は「茂代、例の（検査）キットな、二つ用意したんや。念には念をや」と言いながら、そのうちの一つを手渡す。うちは「ホンマに迷惑かけます」と頭を下げながら、「ミキ、分かってるな、例の検査はじめんで」と促す。時間が気になる。

ミキも了解しているから、キットの検尿コップを持ってトイレに消える。社長が一人の若い社員を呼び「お前、ちょっと来い」と言いながら、もう一つのキットのパッケージを破っている。「お前の小便を、このコップに半分入れて来い」と、社員さんに押し付ける。「はあ、わしのですか……」と、怪訝《けげん》な顔して、彼も厠《かわや》に消える。「社長、なして」と言ううちを制して、社長は「言うたろ、念には念や」と笑って答える。

ミキも、社員さんも検尿コップを持って戻ってきた。「よっしゃ、始めるか」と、社長が言い、慣れた手つきでスポイドを操る。緊張の一瞬、事務所の中の音が消え、皆の注意がキットに注がれる。数分後、「出たな」言うて、社長がキットを指さす。「陽性反応が……」と、うちも絶句した。全ては無駄やった。あの藪医者ァいわしたる[79]！と腹が立ち、軽い眩暈《めまい》に襲われた。社長は、うちの腕を押さえ「茂代、ちゃうで、出たんはうちの社員の方や」と、笑っている。「と、いうことは、このキットは正解やな。よかったなネエちゃん」言うて、社長がタバコに火を点ける。「やった！」と喜ぶのも時間が惜しい。うちは社長に礼を言いもってキットの代金を払い、またまた車中の人となるが早いか、ソッコー知り合いの病院に電話を入れる。「H県から会いに来た友人が具合が悪うなってもうて、すいませんねえ、診て貰えませんやろか」と。とりあえず、ミキには病院で嘘八百並べさせ、一晩、お泊りすることに決定。あとは、H県の保護会に電話を入れ、体調が急に悪くなったので、大阪の藪病院に救急入院しますと、ミキに連絡させた。最大の不安要因やった保護会の返事はパス。保護会の帰寮時間に間に合った！うちは、身体の力がどっと抜けた。病院の椅子にヘタリ込みながら、家に電話を入れ、ミキの彼氏に病院の場所を伝え、本日の業務を終了した。

H県の保護会には、ギリギリのところで戻した。この事件を機に、仮釈期間が切れるまで、

---

79 やっつける、思い知らせるなどの意味。

保護会でまじめにするとミキは約束した。ところが仰天、ホッと一息もつかんうちに……まあ、少しの間は真面目にしてたかもしれへんがな、またミキが失踪したことを聞いたんや。うちは、あの時の緊迫した綱渡りの数時間を無駄にしたことに、腹立たしい思いが込み上げてきた。まあ、うちの経験に基づくプロ顔負けの手助けはいいとしょう。しゃかて、うちの知り合いの社長まで巻き込んでおいて、彼の行為に後ろ足で砂掛けた（シャブの陽性反応出た社員さんは、可愛そうに、社長にシバかれてんのやで）。一体、どないしてくれよう。無念さに見舞われる。口からは、思わず、乾いた突発的な笑い声が飛び出す。もう、ミキに対して、心配する気も失せてしまう。なしてうちの周りには、こんな人間ばかりなん……嘆きが悲しみに、怒りが虚しさに変わってゆく。考えれば、やはりうちのような人間に寄ってくるのは、うちが悪いんやないか、これぞ、「類は友を呼ぶ」いうもんやないか。自分の過去の愚行の数々が骨身にしみた。

そんなうちのところに、博多からバッテン君（筆者のこと）が調査に来ていた。何とか博士のくせに、なんや、暴力団離脱実態の調査や言うて、ヤクザやアウトローとばかり話しよる変な先生や。最近では、『若者はなぜヤクザになったのか――暴力団加入要因の研究』いう本出して、ちょっと有名になってる先生やねん（ヤクザのミカタ、ハカタから来ましたいう内容の本やけどな……大丈夫なんかいな。せやから未だに大学のポストに就けんちゃうかと心配してんねん）。彼は二日に一度は、うちのところに顔を出す。ちょうど、マックスに落ち込んでたから、ミキの事件を話し、「どない思う、うちのやってること、おかしいか」と、尋ねてみた。バッテン君は聞き上手で通っているんやが、二本ほどタバコを灰にして、真面目な顔で、こう言った。「我々の学問領域では、姐さんのような支援を、インフォーマルな支援と言いよるとです。おかしかことはなかですばい。失敗に挫《くじ》けんと、どんどんやってくれたら嬉しかです。痛みを知る方の支援は、痒いところに手が届く……きっと社会の役に立ちます。全員は無理でも、一人でも二人でも、更生の役に立てたら、よかやないですか。私は、そげな姐さんの友人であることが誇りですたい」とな。でもなあ、ミキのようなことがあったら、うちも悲しいし、周りも、ええ加減に止めやいうんでと、バッテン君に無念さを吐露《とろ》する。彼は笑いながら「私は、福岡の人間です。福岡いうたら、ゴンゾ[80]上がりの吉田磯吉親分[81]が有名です。親分

80 （ゴンゾウともいう）明治から大正時代にかけて、北九州の炭鉱における下層の労働者のこと。石炭を船に積み込む作業などを行っていた。

81 吉田磯吉は日本の政治家・ヤクザの親分　松山藩を脱藩した両親の死後、姉に育てられた礒吉は、遠賀川の「かわひらた船」での石炭輸送で成功し、芦屋鉄道社長などを勤めたのちに政治家を志した。一九一五年（大正四年）に衆議院議員に当選し、一九三二年（昭和七年）まで議員を務めた。

は、姐さんみたいに、どうにもならんヤクザ者を世話しよったそうです。しかし、どこの世界にも、どんな時代にも、箸にも棒にもかからん出来の悪い子分が居るとです。あるとき、側近の者がこう言ったそうです『親分、あまり世話し甲斐のない者は、放っとかんですか。どげんもならんですばい』と。すると吉田親分は『わしは、人間の反古箱（ごみ箱）のようなつもりでおるとたい。いろんな人間が来るくさ、でも、わしが相手しちゃらな、誰もしちゃらんめえが』と、大笑されたらしかです。姐さんは現代の女版・吉田親分ですたい。この辺りのセーフティーネットですけん、そげんこともありますよ。姐さんは、大姐さんの長女ですばい。頑張ってほしか」そう言って、励ましてくれる。「人間の反古箱」いう言葉が心に残った。うち、人間の反古箱やったら、自分が入らなあかん気がした。しかし、うちが入る反古箱はお母ちゃんのや。せやたら、お母ちゃんの反古箱に入る前に、出来るだけの事はやってみよう。まだ、生きてるのやからな。そう、もう一度思い直すと、少しだけ勇気が出た。

話しは少し戻るな。うちが一切の連絡を絶ったことをミキが悟り、うちの同級生である好漢

火野葦平の『花と竜』に描かれる地元ヤクザの磯吉親分とは吉田磯吉のことである。北九州遠賀川流域の男伊達の気性を代表する人物とされる。

——裏の世界では知らない人間は居ないほど超有名な男、でも、うちにとっては大切な存在、そんな男から連絡が入り、「茂代、元気にしてんか。ちょっと頼まれてな、何の話かようわからんが、ミキいう子の電話に出たれ」と頼まれた。ブチンいうて、また、うちの見えない血管が三本ほど切れたや思う。頭にきたけど、この男が電話して来たいうんは、この男の顔を考えなあかんのが、この世界の掟や。しゃあないから、ミキに電話をした。案の定、ミキは徹頭徹尾、謝罪のオンパレードやってん。何考えてんねん、可愛い妹みたいに思ってた子やけど、いや、そやからこそ、うちの中では「もう無理」やってん。会話は当たり障りのない話で終わる。ミキは「自分で出頭します。でも、その前に、茂代姐さんにどうしても会いたい」と、泣きながら訴える。話を聴く内に絶句……品物（シャブ）を警察に押収されてもうて、今回の大学は使用だけでは済まないとのこと。つまり、どう転んでも、仮釈分と併せて、三年以上は持っていかなあかんいうことやった。「もう、いつ会えるかわからん。今まで、本当にうちのこと考えて手を差し伸べてくれたんは姐さんだけやったです。お願い、ひと目会って、一言、お詫びさせてください」と、胸から絞り出すような声。うちの下まぶたに、また涙が溜まりだす。バッテン君が言うてたな。反古箱、最後のセーフティーネット……その言葉を思い出し、うちは、これだけいうのが精いっぱいやった「連絡入れといで」。電話を切った。

それから三か月以上がたったいま、ミキからの電話はない。また、逃亡生活を送っているのか。吐いた言葉通り出頭したのか……うちには確認の仕様がない。ただ、元気でいて欲しい思う。そうすれば、いつか……いつの日か、必ず再会できるのだから。

■最近の活動[82]

テレビ収録の話がきた。何と、うちの活動を福岡で紹介したいらしい。何とも、恥ずかしいやら、嬉しいやら複雑な気持ちやってん。バッテン君に話し聞いてみると、うちがしていることが、ナイチンゲールやマザー・テレサの善行顔負けの大層なことのように思える。せやから、テレビ西日本（福岡の局）のイケメン・リポーターからマイクを向けられたとき、言葉に詰まってよう話しができんかった。ただ、大学出てきた人らに、晩飯振る舞ったり、知り合いの店を紹介して、働いてもらったりしてんの、そんな大層なことちゃうからな。

バッテン君は、「姐さんの世話になった人ば、数人ご紹介ください……そん人たちの話しば聞いても良かですか」と、言うてたから、数人の大学出（刑務所入所経験者）の元ヤクザに声は掛けた。「何や、姐さんが有名になるんやったら、わしら喜んで手伝いまっせ」とか、「姐さん、テレビでっか。わし役に立てて嬉しいわ」とか言うて、皆集まってきてくれたんやがな、テレ

82　中川茂代の活動は、二〇一四年十一月二十五日のテレビ西日本「TNCスーパーニュース」、十一月三十日「記者魂」において紹介された。この番組では、元ヤクザの出演者すべてが実名、顔出しであったことから、福岡では話題になった。

ビ局の企画書見て、「なんや……支援？」やってん。

カタギの世界では、これは「支援」いうんか。皆で首を傾げよってんな。ただ、飯食わしただけ。ただ、仕事紹介しただけ。こんなんで九州では、テレビニュースになるん？　ヒロキの「はあ〜？」いう声がうちらの内心を代弁してたな。まあ、せやかて、バッテン君が、うちらのこと思うて九州くんだりからテレビ連れて来るんやから、できる協力はせなあかんな言うて……めいめい配置に配置に就いたわけや。

今里町内での撮影の様子　TNCテレビ西日本。

テレビ撮影いうんは、仰山なもんや。荷物は一杯あるし、リポーター、カメラ、アシスタント居るし、なんやちょっとした大名行列やな。そないな一行が、うちの地元練り歩くんやから、近所のオッチャンやらオバチャンが、「こんにちは」も言えんと目ェ丸うして固まってたがな。公園でうちがインタビューされてる時なんか、「芸能人、誰来てんの？」能天気なオバチャンが尋ねよってん。思わず「うちやがな」言うたら、「知らんなァ……お笑いか？」やて。思わず、イワしそうになったが、あわててカメラに向いて茂代スマイルしたった。

あしたのジョーの主人公、矢吹ジョーのセコンドについた目っかちの丹下段平のように、バッテン君が横に付いていてくれたから良かったんやけど、撮影中、あかんな、カメラ向けられたら、言葉に詰まるねん。それ、うちだけちゃうて、ヤクザもみんなそうやってん。裏稼業してた人間、あかんな、テレビカメラ。しゃから、うちらの人種は芸能人は出来んこと、良くわかった。

テレビ西日本のリポーターと番組取材の打ち合わせを行う。

いちばん笑ったのはアバキやったな。撮影の前日、バッテン君と打ち合わせに行った時は、「ええで、そんなん構わんで、任しとき」とか、軽くいなせそうやってんやが、彼がやっている夜の店に、いざカメラと到着したらな、オシャレしてきてる顔に焦りが見えんねん。「キミたちはちょっと店の外で待っててくれる」とかシブい声で言うて、カワイイ女の子を人払いして、気合い入れてんのか思うたんや。それが、神妙な顔してインタビュー受け始めてみると「その、いや……あの、ちょっと待ったァ！　あかんわ」の繰り返しやってんな。アバキいうのは「アホ、バカ、キチガイ」の頭文字とって付いた名や。うちは十代から知ってんのやが、アバキは大阪ナンバーワンの桁外れの悪で、喧嘩負けたことないし、ヤクザもいいとこまで行った男や。そのアバキがこのあり様や、うちも内心では安心したで。

　バッテン君が、噛んで含めるように説明してくれたお陰で、ようやっと撮影に入って三時間後には要領がつかめたな。さっき言うた「支援」の意味や。そうすると、カタギの人はセコイんやな。うちら、何や大層なことはしてへん。いうたら、持ちつ持たれつの関係や。自分に余裕がある時は、できるだけのこと……たとえば、出所してきて飯にありつけんような大学出に、[83]飯をゴチする。仕事が無いんやったら、しばらく働かせてくれる知人の経営者紹介す

83　出所しても柄受がいない、いわゆる身寄りがいない者は、ひとりで社会復帰しなくてはならない。彼らは、刑務所の中で得た僅かな作業報奨金しか持たずに、前科者という負のラベルを貼られて、社会の荒波に耐えて生きてゆかねばならない。加えて、携帯電話に代表される昨今のテクノロジー進化は日進月歩、懲役を終えて社会に出た元受刑者が戸惑うこともしばしばあると聞く。これらが、社会復帰した元受刑者を、精神的、物理的に追いつめる要因のひとつである。

るくらいや。うちらも、いつ、何時、他人様の世話にならんといかんかもしれん。そこんとこ、お互いさまや。

そうした姿は、うち、お母ちゃんの背中見て覚えたな。犯罪学者のバッテン君には悪いんやが、横文字の……何や、インフォーマルな支援いうような、大層なものちゃうで。ここいらでは、日常的な風景や思う。九州では工藤會[84]とか、ヒネ[85]の締め付けで辞めはる人多い言うてたなあ。小倉の祭りもヒネ割[86]になってるいうなあ。そないな状態では、ヤクザもテキヤも家族養うんは並みやないいな思うで。福岡には、落ち目のヤクザ、助けてくれるカタギの人居らんのかいな。吉田磯吉はんのお膝元やった小倉がそないなもんやったら、うちらも寂しい思うなあ。

84 工藤會は、日本の指定暴力団。二〇一二年より改正暴対法に基づく「特定危険指定暴力団」に指定された。福岡県の北九州市に本部を置き、二〇一二年の二月時点で六百五十名超の構成員を擁するといわれた。主たる活動地域は福岡県、山口県、および長崎県の三県、ならびに首都圏である。二〇一四年九月には総裁の野村悟、会長の田上文雄、理事長の菊地敬吾が組織犯罪処罰法違反容疑であいついで逮捕された。その後も工藤會幹部の検挙は続き、現在は多くの幹部が逮捕、拘置されている。

85 警察や警察官を指して言う隠語。

86 縁日の出店にあたっては、地元のテキヤ（親分が）が露店の出店場所を「テイタ（出店場所一覧）」に従って割り当てることが通例。ヒネ割とは、テキヤの親分に代わって警察が露店の出店場所決めをすることをいう。

任侠なんて大層なもんちゃうけどな、困った時は、お互い様や。それが日本のいいとこや思う。まあ、そないに言うても、うちなんてお母ちゃん程の器量ないし、貫目も足らんの分かってるけど、分相応のことは、やろう思えばできんねん。お母ちゃん自慢になるけどな、このうちの母がどれほどの女やったか、ちょっと後で紹介させてもらうわ。母の波乱万丈な人生もやけど、母の善行？　を語るのが、不出来な娘として、せめてもの罪滅ぼしや思うねん。

■茂代が語る母——昭和最後の女侠客

母親の千代は、昭和十八年七月、父は大和奈良の博徒・省三、母・春子の間に生まれた。母は、三人姉兄の末っ子やねん。本当は、もうひとり、姉にあたる人が居たいうふうに聞いているが、なんや不幸なことに、病で亡くなったそうや。その亡き姉——うちにしたらオバにあたる人の名前を、うちは受け継いでいるそうや。先祖の墓に参って墓石みる度に、赤い文字で「茂代」いうオバの名前が目につくんやな。普通なら、わが子に付ける名前は、親の願いを込めて名づける筈なのに……。一度、母に聞いたことがある。「うちの名前の由来は？」となっ。アンサーは、一言やってん「死んだ姉の名前や」。そんな母親のこと、その人柄が垣間見れるエピソードを、紙面を割いて、少し語りたい思う。うちの人生は、うちの行動モデル、善悪の判断モデルである母の存在無しには語れない思うからな。

我が親のことを、うちは今でも恐ろしく、怖いと思う。怖い思うんは、この母ひとり。父（ヤクザやな）や、祖父母（昭和ヤクザの組長と姐やで）を含め、私の周りを見渡しても、ダントツのキング・オヴ・怖い人やな。今後、うちが何年生きるか分からへんけど、母ほど、うちの中でドンと居座る大きな存在はないと思う。でも、うちは、女として、母親として尊敬する先達（先輩の意味）や思うて、いつもその背中を見てる。日常的に感心することなんやがな、母に接した大体の人は、ファンになり、すごい人やと言うんやな（博多のヤクザ博士・バッテン君も大ファンや）。世間には、「姐さん」と呼ばれる人が五万と居るけど、失礼ながら、本当の「姐さん」いう言葉に馴染むんは、母だけやと思うてる。なぜなら、母は、今は風化しつつある任侠の道を知る人間やからな。任侠いうんは、簡単そうで難しい。出来そうで出来ん行動や。それは「他人のために自分を犠牲にする」いうことやな。今の日本人、これやってくれる人、あなたの周りに居てますか？　うちも大学出てこっち、周りの人たちから姐さん呼ばれているけどな、何か、そう呼ばれるのにピンとこんねんな。うちは、そう呼ばれるには、器も貫目も貫録も母に及ばんからや。姐さん、イコールうちの母や思うているからな。

母は、小学校、中学校共に、地元である生野の学校に通った。大阪の生野において、知らない者はモグリやでいう勢いで頭角を現した。男顔負けのゴロはする。弱いもんイジメはせんし、イジメられよるモンは助けよる、更にスポーツ万能やってんな。学校の先生までが十代の母にアタマ下げよったと、昔馴染みに聞いた。雑誌や新聞で見るヤクザの親分連が母の古い友達やったな。うちが物心ついた頃からは、そうした親分たちが、実家に黒塗りを横付けして訪ねて来るんが日常光景やってん。ビックリするばかりやったな（極妻の世界、マンマの光景やで）。

無事に働く時の母は、決して自分の手は汚さずに、強面の人たち従えては、「よっしゃ、おまえあいつイワしてこい」いう具合にな、悪いことしてきたようやわ。そのヤクザな人たちが、皆、母に対しては、若衆の感じに見えるんやな。ヤクザの親分達も、母の前だと全く違う人間のように見える。これは、実際に見たら変な感じやで。絶対に違和感覚える光景や。

母は、中学校の卒業間近の頃、父親から呼ばれたそうや。なんや難しい顔して父が言うたらしい「千代、お前な……もう上の学校行かんで構わん。彫り物入れて博打の修行せい」てな。普通、十代前半の我が子に言う言葉ちゃう思うで。母の青春時代は、色恋も無縁な修行人生（博打、作法、行儀、道理、義理、仁義等々の修行やな）やったと聞いている。日本各地、北は北海道から、南は鹿児島まで、年ごろの女心を置いといて、旅の草鞋ばかり履いていたいうねん。ある時な、九州の長崎で、博打で大負けしてスッテンテンになったそうや。相棒がおったんで、「どないする、今日は知らん土地で野宿せなあかんなあ」「教会とか泊めてくれるんちゃうか」とか言うて、ツレと一緒にテンション下がってたそうや。クリスチャン人口多い街の中ブラブラ歩きよったら、「のど自慢大会」の看板が目に入った。ツレはなかなかの美声やったそうで、お母ちゃんはピンときた「おまえ、ちょっと喉使うて稼いでこい」いうて、二人で飛び込み参加したそうやねん。すると、長崎名物のイエス様やマリア様やなくて、博打の神様がお情けくれたんやろ、一等賞もらって賞金ゲットできたそうや。まあ、博打道中は、笑いあり、涙あり、人の情けに触れ学ぶ、懐かしい思い出やそうや。母にしたら大切な思い出なんやな、余程気分のええ時、小出しにしか教えてくれへん。

祖父・省三の下に、関東から「親分さんの若者になりたいんです。ヤクザの修行やらしてほしい」言うて入門しに来たんが、うちのお父ちゃん（実父）やねん。そんなこんなで、昭和三十九年十二月二十四日のクリスマス・イヴに、うちは生まれた。小さな頃から殴られて、そりゃもう強い子に育ったんやな。お父ちゃんは優しかったんやが、お母ちゃんは怖かった。

物心ついて、この母親は只者やない思うエピソードがあんねん。エピソード綴《つづ》ったら、『スター・ウォーズ』[87]超えるからな。ちょい見せや。一応、この本は、うちが主役やってんな。そこ

87　『スター・ウォーズ』（英語：Star Wars）シリーズは、ジョージ・ルーカスの構想を元に映画化されたSF作品。日本では第一作が一九七八年に公開された。

んところ、忘れんといてな。

■母のエピソード1

お母ちゃんがお父ちゃんと会社やってた時代は、ヤクザがヤクザで世間に居れた時代のお話や。ヤクザは昼は寝て、夜は博打いう生活守ってたら良かったんやな。バブルの狂乱が、ヤクザを変えた思う。世間は地上げやら、債権回収やらでヤクザ利用して、バブルが終わったらさようなら。お返しは暴対法。平成の時代になってからいうもの、昭和ヤクザの出番ないな。今や世間は、ヤクザも暴力団もミソクソ一緒や。昔は、親分いうたら、近所のよろず生活相談受けてたし、近所の人に尊敬され、慕われよった。そんな昭和ヤクザの時代を、女侠客として母は生きたんやな。

時は昭和五十年代末の時代にな、会社が経営していたミナミのカジノに関して、ポリのガサ入れ入ったんや。これは実家に来よったんや。お母ちゃんとうちでヤバいもの放ってしまって、用意周到にしてたつもりやけどな、刑事が、ビンゴー言う顔して、「おい、ちょっと、これ何や、あ?」言いつつ、満面の笑みを湛えながら、うちらの前で、紙ヒラヒラ振りよる。するとな、お母ちゃんも役者や。この場合はヤギ演じよってん。やおらメガネをかけ直しながら「それ、なんですのん……ちょっといいですか」眉しかめて、紙を調べるような顔しながら、刑事の手から紙を神妙に受け取りよってんな。次の瞬間、何と、その紙を丸めて食いよってん。刑事は「あっ……」言うて、固まってたな。この母の身体を張ったヤギ演技によって、このガサ入れの成果はゼロ。危ないところやってんのやが、事なきを得た。今でも、このときの母を思い出したら、笑いがツボに入ることあんな。ポリが帰った後は、お母ちゃん酒飲んで消毒してたけどな。腹は大丈夫やってんな。

いま思えば、うちの社員さんも大変やった思うわ。うちらが外出する際はな、親分守る若衆が付き添うんやが、お母ちゃんは、邪魔、すなわち寄るないう感じやねん。うちは、この子（うちのことな）と歩きたいんやとな。しかし、まあ、若い衆の立場もあるんで、くっつかず、離れずの感じで、うちに「堪忍してやってな、あん子らの立場もあんのや」いうてたな。そんな、母や若い衆の気持ちも知らんと、前に述べたような按配で、随分迷惑ばかりかけた私やってん。大学で、社会で、十分反省させられた。

若いころにバカばかりやってたうちに対する母の口癖。「中途半端なワルなら止めい。同じ悪すんなら、誰も何も言えんような根性座ったワルになれ」と。今と昔はちやうんやで——と、心の中で言い返すうちがいた。

しかし、以下の名言は至言やな。

・実の親子でも義理がある。それを忘れたら終わりやで。

・うちには六本の指がある（六人兄妹のたとえな）。どの指噛んでも痛い。しゃけど、六本、ひとつひとつの痛みは違う。一本目の指が一番痛いんや。覚えときや、一番痛いんは、茂代……お前や。

■母のエピソード2

この事件は、大阪における、いや、任侠界において、母の名声を確固たるものにしたエピソードともいえるな。

大阪のミナミの繁華街のど真ん中に、母の会社が店出した。お好み焼き屋ちゃうで、バカラ屋やねん。素人さんにわかるように解説すると、ブラックジャックなんかする賭博屋さんのこと。大阪は西成（他所の人は、釜ヶ崎ともいうな）が、本引きのような日本の伝統的な博打場が点在してるんやが、そこから御堂筋線に乗って二駅の難波から日本橋界隈には、オシャレなバカラ賭博場があってんな。

お母ちゃんのバカラ屋は、その中でもトップ3に入る勢いがあってんな。うちも、「ウワー凄っ」いうた位のレベルやってん。もちろん、オーシャンズ・イレブンの映画[88]みたくイケメ

88　『オーシャンズ11』（オーシャンズ・イレブン、原題：Ocean's Eleven）は二〇〇一年のアメリカ映画。主演はジョージ・クルーニー、ブラッド・ピットをはじめハリウッドの名優が多数出演した。ダニー・オーシャンと、彼が率いる十人の仲間が、ラスベガスにあるカジノの金庫破りに挑むという内容。

ンちゃうけど、カジノのディーラーもおった。従業員は、皆素人さんで常時十人はおってんな。儲け、普通ちゃうかったなあ。三千八百万円のベントレーや、一〇キャラのダイヤを即金で買いよったのやから。韓国のウオーカー・ヒルに行かんとバカラ賭博出来ん時代や。相当儲かってる思うわ。

金があるところには、ギャングも来る。デリンジャー一味[89]は集団やってんが、そこに来たんは、一人だけの軍隊・ランボーちゃうな、ギャングやってん。あとで聞いたところによると、そのギャングは、刑務所出て来たばっかやったんやな。それで、お母ちゃんのところに、チャカ（拳銃）もって押し込みしよったんや。

その日も、バカラ屋さんは大入りで繁盛してたそうや。自動ドア開いて入ってきた男に「いらっしゃいませ」言うたボーイは、直ぐに顔面硬直させよってんな。相手は、覆面かぶってい

89　ジョン・ディリンジャー（John Herbert Dillinger Jr）は、アメリカ合衆国インディアナ州インディアナポリス出身のギャング、銀行強盗犯。一九三〇年代前半アメリカ中西部で銀行強盗を繰り返した。

る上に、チャカ持ってたんや。目が普通やなかった言うてたな。「おい、金つけェや」言うて、ギャングは店に入って来よったんや。モニターに頼らんでも、表の騒ぎは直ぐに事務所に居るお父ちゃん（義父）とお母ちゃんに分かったらしい。もちろん、お父ちゃんが席立とうとしたそうやが、お母ちゃんが止めたんやな。「あんた、こういう手合いに、一人で行っても、二人で行っても同じことや、あんたはここに居り」言うてな。カッコええやろ、でも、見せ場はこれからや。

事務所のドア開けて会場に入ると、シーンとしてお客さん、声を失ってたそうや。誰でも、鉛玉のトバッチリは嫌なもんや。固まったお客さんに「ちょっと、ごめんなさい」言いながら、前に出ると、ギャングが壁を背にして拳銃構えてたそうや。お母ちゃんと、ギャングの目が合った。そいつが口を開きかけた途端、お母ちゃんは機制を制したんや「あんた、そないな物騒なもの振り回して何ですの」ちゅうて、パーンと、その拳銃払いのけたそうや。「金や、金」男はそう言って再びチャカを構えようとした。そこは役者のお母ちゃんや「ここはお客さんも居てはる。あんさん、ちょっと外で話しましょうか」静かに言うて、ギャングを店の外にエスコートした。その時は、ギャングもお母ちゃんの気迫に押されてたんやろうな、素直に従ったらしいわ。

店を出たお母ちゃんは、一階まで黙ってギャング連れて行った聞いたな。エレベーターでずっと無言やってたん。エントランスに到着すると、お母ちゃん静かにギャングに語った「あんたも金要るんやろ、手ぶらでは帰れんわな。ここに二百（万）ある。今日のところはこれで大人しゅう帰ってくれんか」言うて、財布ごと渡したらしい。エレベータの心理作戦で、ギャングは、お母ちゃんに威圧されてたんやな。黙ってその金受け取ったそうや。「早う行きいな」言う母に、ギャングは「姐さん、すいませんでした」と、覆面脱いで頭下げたらしい。お母ちゃんは、この時、いつものペース取戻しとって「あんた未だ若いんや、上さんも居てるんやろ、命を粗末にしたらあかん」と、その肩を叩いたそうやわ。あとは、後ろを振り返らず、店に戻ったそうやねん。「姐さん、大丈夫でっか」皆駆け寄って来た。「追わんでよろしい。話はついたんや……うちは事務所で気付け薬や、店長、悪いんやが、お酒持ってきてな」さらに、お客さんの方に向き直って、大きな声で謝罪した「お客様、すいません。こないな不祥事は、滅多にないこと、いえ、あってはならんことですわ。これも一重に私の未熟さから出たこと、本日、社長不在につき、社長に代わって、ご一統様に深くお詫び申し上げます」とな。あんまし話が有名になったんで、当時の模様を、お母ちゃんに聞いたんやが、この時点で、膝が砕けそうやったらしいな。「実はな、お母ちゃんも怖かったで、しゃかて、あんたたち残して、先に三途の川は渡れんもんな」ニッコリ笑ってそう言ったお母ちゃんの顔は、うちの誇りやってん。思わず、ハグした記憶があるな。

ちなみに、この時、押し込んだギャングな、それから以降、義理欠かずに挨拶寄こしてくれよった。どこぞの組長になって一家を構えてるいうてたな。今に至るも、お母ちゃんに恩義感じて、いい付き合いさせてもろうてる。

いまは、毎日、ベンツで仕事行ってくる何とか言うて、愛用のチャリでパチンコ屋に通うか、妹の居るスナックへ行って、孫とカラオケするんを楽しみにしているお婆ちゃんの母を見て、人は極道の妻してた頃の母を想像できんと思う。でも、うちは思う。今でも必要となったら、母はいつでも極妻にカムバックできる人や。ただ、そんな片鱗をチラつかせんな、組の看板下したいま、そないな役割ないからな。しかし、母の行為は、母が三途の川を渡っても、うちら家族含め、大阪の人らも忘れんな。昭和最後の女侠客、中川千代の話しはここまでや。

■現在のシノギ

カタギになったいま、うちは夜勤専門の仕事をしている。組長の娘の私、ハチャメチャな人生を送って、人様に迷惑を掛けることがライフワークのようになっていた……あのうちが、普通の会社で超マジメに働いている。何や自分でも信じられへんけど、仕事ぶりはこの世に生を受けて以来、人生でピカイチや自負してんねん（いや、大学で班長してる時がピカイチやから、いまはピカツーか）。

うちの職場は、運送業界大手のS運輸。勤まるのか……不安はあった。せやかて、まあ、どん底の中から人生の再スタートを切ろうかとしてる人間に、神様も仏様もイエス様もイケズな試練は与えんかった。上司や同僚とは、それなりのお付き合いをさせてもろうてんねん。そういうものの、どこの世界にも頭にくる奴、イケズな奴はゴキブリのように生息している。イワしてもうたらあかん……我慢、我慢、「ならぬ堪忍、するが堪忍」や。この忍耐を教えてくれたんが、悲しいかな大学やねん。辛抱や忍耐というものは、五年間の大学生活で、嫌になるほど身に付いたもんや。怒りに直面する度、身に染みて思うな。我慢せなと。

金、現金、現ナマ、諭吉さん……これは、持っているだけで、暗く、みじめな心を潤す薬かもしれないと思える時がある。深夜の重労働してると、辛い日もある、寒さで凍える日もある、足腰が立たなくなる日もあるな。そんな毎日を生き抜くんは、自分自身を変えたいと思う強烈な欲求しかない。五十歳を過ぎて、はじめて金の有難みが分かった。生きた金、キレイな金の有難みがな。うちは一生、金銭面で苦労することなんかあらへん……そないな甘えた考え持ってた十年前とは大違いやな。そん時は、死に金使いよったんやな。金で自分の首を絞めよる甘えたタダのアホやったんや。

夜の十時から働いて、朝の八時にお疲れさん。連日深夜の仕事で一万円。どうなんやろ……引き合うかどうかは、よく分からへんな。しかし、大学の工場で働いて、報奨金は単純工で、月額二千~三千円が相場や、まあ、これに比べたら天国やな。大事なんは、親からもらった五体満足な自分の身体を使って、お天道様に恥ずかしくない（お月様か）仕事をして、手にする金であるいうことや。うちは、毎日、その中の大部分を貯金することにしている。うちが変わるため、うちを頼って来る大学出の子が変わるためのちょっとしたお手伝いのため……いま、うちらが生きている現代は、司忍親分[90]が言わはった「異様な時代」かもしれん。せやかて、そんな時代だからこそ、うちは諦《あきら》めたくないねんな。日本人として、義理人情の世界に生きたお母ちゃんの子として。侠客一家に生まれた長女として。中年になって、この歳になって、今さら不器用な生き方しかできへんけどな。お母ちゃんだけは、うちのやっていること分かってくれる思うわ。もっとも、会うと褒められることはないねんなあ、未だに「お前はァ」言うて爆弾投下されてるわ。

90　司忍（つかさ しのぶ）、本名：篠田建市（しのだ けんいち）は、日本のヤクザ。指定暴力団・六代目山口組組長のこと。「異様な時代が来た」という声明は、暴力団への利益供与などを禁じる東京都と沖縄県の暴力団排除条例が二〇一一年十月一日、施行されたことを受け、神戸市灘区の山口組総本部でマスコミの取材に応じたものである。一般の事業者にも暴力団との関係遮断の努力義務が課された条例について、「異様な時代が来た」と批判したうえで、山口組の解散を明確に否定した。

■中川茂代の手記から

私自身は、クスリでパクられ、初犯にも拘わらず、いきなりの実刑五年。大切な人をはじめ、人生で大切なもの全てを失くしてしまうのは、目に見えて明らかなこと。失くしてはじめて分かる大切なひと。ここまで来るのにあんなに頑張ったこともあったやん、なんでこないなことしたん？　救いようのないアホやったことを知って、いや、悟って、自分自身に嫌気がさした。わが子の母としても失格。ふたりの子どもに対して、親としての自信が、未だに持てない。おそらく、この先、一生、この自信は戻ってはこないと思う。情けない女であり、母親失格の茂代という人間。元ダンナに対して……戻りたいなどとは絶対に言えないけど、今でも、私のことを大切に思ってくれていることが分かる。ありがとう。私の浅はかな行為で、家庭を壊してしまって、申し訳ない気持ちで一杯。いっぱい……。我が子の母親ゆえに放って置けないのかもしれない。そう考える。ゴメン、そして本当に感謝。いつもダンナに対しては、こんな気持ちでいる私。

母……

母のことを考えると、涙なしには無理。私のことを誰よりも愛してくれたのは、母だと、母しかいないんだということが、今回の件でよくわかった。母のそうした気持ち、思いやりが私に伝わること、これまで感じることは、余りなかった（うちが鈍感やったんやからや）。恥ずかしながら、この歳になって初めて味わった母から私への愛情の深さ。この世の中で、唯一、私が畏れる人間、唯一、尊敬できる人間、そして、一番大切なひと。母を、私は、人間として、女性として、母として失いたくない。失くせない大きな存在。

今後、私の人生が、何らかの変化で変わる時は、おそらく、母がこの世から天国に移住した時ではないかと思う。

いつかは直面する現実。その日が来るのが怖い。

どうなるんだろう……。

私は、この母の、中川千代の娘です。少しだけでも、母に近づけますように。

■非行サブカルチャー用語

（刑）とあるものは、刑務所の用語、隠語

・アカ落ち（刑） 刑の確定により、刑務所に入ること
・一番手（刑） 刑務所の舎房における最上位者のこと
・営利（刑） 覚醒剤営利目的有償譲渡の罪、または罪を犯した者
・おじゃまします（刑） 空き巣犯のこと
・カチカチ（刑） 放火犯のこと
・柄受《がらうけ》（刑） 身元引受人のこと
・ガサ入れ 警察の家宅捜索のこと
・願箋《がんせん》（刑） 刑務所の受刑者が各種申請を行う際に看守に提出する書類
・官弁《かんべん》 留置場や警察の尋問中に支給される弁当
・既決 裁判の判決が出た人のこと
・キップがまわる 指名手配されること
・希望寮（刑） 釈放前に入る出所準備の部屋（刑務所によって寮名は異なる）

・軽屏禁《けいへいきん》（刑）懲罰の一種、独房の罰室内で昼夜屏居すること
・シキテン（刑）看守の巡回を見張ること、シケ張りともいう
・品物　覚醒剤のこと
・自弁（刑）刑務所内において、受刑者が自分のお金で物品を購入すること
・称呼番号（刑）刑務所内において受刑者に付与される番号
・初入《しょにゅう》（刑）刑務所に初めて入所すること、あるいは入所者
・初入検査（刑）刑務所入所時に刑務官によって為される身体検査
・ズッ（刑）刑務所の看守のことであり、看守が来たという意味の警告の合図
・先生（刑）刑務所の看守のこと
・捜検（刑）刑務官による舎房の検査のこと
・大学（刑）刑務所のこと
・宅下げ（刑）領置金や領置品を親族など刑務所外の人に渡すこと
・タマポン　たまに覚醒剤を打つこと
・チンコロ　密告のこと
・ツネポン　覚醒剤の常習者のこと

・転房（刑）　刑務所の居室を変わること
・トイチ（刑）　刑務所の受刑者同性愛行為における男役
・とばし（刑）　刑務所内における受刑者の物品不正授受
・ハイチ（刑）　刑務所の受刑者同性愛行為における女役
・針師　覚醒剤摂取の際、注射器の針を打つことで報酬を得る者
・パンサー（刑）　泥棒のこと
・引き当て　警察官が被疑者を同行して行う現場検証
・ひき戻し（刑）　仮釈放中に重大な規則違反が発覚し、仮釈放が取り消され、刑務所に連れ戻されること
・ヒネ　警察官のこと
・不正配食（刑）　受刑者が食事の量を恣意的に操作すること
・ペイペイ（刑）　若い新米刑務官のこと
・べべ（刑）　刑務所の舎房における新入りのこと
・勉強学校　塾のこと
・報奨金（刑）　刑務所内の刑務作業により得たお金のこと

・保護寮　更生保護施設のこと。犯罪をした人や非行のある少年の中には、頼ることのできる人がいなかったり、生活環境に恵まれなかったり、あるいは、本人に社会生活上の問題があるなどの理由で、すぐに自立更生ができない人がいる。更生保護施設は、こうした人たちを円滑な社会復帰支援、再犯防止の意図から一定の期間保護する施設である（法務省ＨＰから）。
・ポン中　覚醒剤中毒者
・満期上等（刑）　仮釈放なしの満期で出る受刑者の覚悟の意味
・未決　裁判の判決が未だ出ていない人のこと
・ミテ肛門（刑）　刑務所に入獄する際に行われる肛門検査
・やっちゃった（刑）　わが子を殺した者、その罪を指す
・寮（刑）　女子刑務所における舎房・居室のこと
・領置（刑）　刑務所入所時に身に着けている私物を当局に預けること
・累犯（刑）　二回以上の入所経験がある受刑者のこと

■刑務所集会時に自弁喫食できる甘味等メニュー（基本的には水曜日に開かれる）

女囚たちが考案した刑務所グルメは先述したが、刑務所内では、甘いいモノが貴重である。ただでさえ、甘いものが好きな中川茂代は、平成十九年十月十日、刑の確定以降は、雑記帳において、その日に食した甘味を、日々記録している。彼女が「短気は損気、損気は満期」の精神で、必死に感情の表出を押さえ、模範囚を演じ、進級の日を待ち望んだのは、仮釈放の期待に加え、集会の回数が増えることで、甘味を購入できる機会に恵まれることも大きな要因であったようである。

雑記帳の最後の六頁ほどには、甘味を購入できる店舗（北海道、関東、関西、九州と広範囲に及ぶ）が詳細に記録されている。一見、甘味を渇望《かつぼう》する受刑者が、グルメ本の記事から写した他愛もないもののように思えるが、ここに記載された番地に行ってみるのも、面白いかもしれない。なぜなら、この部分は、筆者が元受刑者に聞いた話によると、出所後に連絡を取るために、刑務所仲間の住所を暗号化したものを記載するという可能性も否めないからである（e.g.; 北沢、210–211）。

以下の集会日と自弁した甘味は、中川茂代の刑務所日記より抜粋したもの。

平成二十年五月二十八日　抹茶ケーキ、アルフォートクッキー、ミルクコーヒー。
平成二十年六月二十五日　ガーナチョコクッキー、パピコ、ぬれおかき、アップルティー。
平成二十年七月二十三日　マメプチ、セサミクッキー、パピコ、ビタミンジュース。
平成二十年八月二十七日　パピコ、リッツゆずレモン味、エブリバーガー、コーヒー。
平成二十年九月二十四日　バニラクッキー、バームクーヘン、ミルクコーヒー。
平成二十年十月二十三日　フェリMチョコ、マロンフラージュ、アップルティー。
平成二十年十一月二十六日　ガトーショコラ（六ヶ入）、プチポテト、ネクター、
平成二十年十二月十七日　ブルボンクッキー詰め合わせ、コーヒー。
平成二十一年一月二十八日　アルフォート詰め合わせ、ミルクコーヒー。
平成二十一年二月二十五日　チョコパイ、チップスター、コーヒー。
平成二十一年三月二十五日　桜ごのみ、ガーナミルクチョコ、ミルクコーヒー。
平成二十一年四月二十二日　ガナッシュケーキ、エリーゼ、ミルクコーヒー。
平成二十一年五月二十七日　キャラメルクッキー、アルフォート、チョコチップケーキ、
　コーヒー。
平成二十一年六月二十四日　サンドパイ（十四枚入）、ポテトフライ、パピコ、ミルクティー。

平成二十一年七月二十九日　つぶやきセンベイ、ざっくりクッキー、パピコ、アップルティー。

平成二十一年八月二十六日　コンソメポテトチップス（S）、ゴーフル、パピコ。

平成二十一年九月十六日　カプリコ（九本入）、チーズおかき、コーヒー。

平成二十一年十月二十八日　フランチュールクッキー、ミルクティー。

平成二十一年十一月二十五日　紗々、すっぱムーチョ、コーヒー。

平成二十一年十二月十六日　イチゴオムレット、ホワイトチョコ、コーヒー。

平成二十二年一月二十七日　タマゴサブレ、マカダミアナッツ、コーヒー。

平成二十二年二月二十四日　チョコボール、ロールケーキ、ダース白チョコ、コンソメ。

平成二十二年三月二十四日　かっぱえびせん、アルフォート、いちごチョコボール。

平成二十二年四月九日　まめリング、チョコビート、バニラゴーフル、ミルクティー。

平成二十二年四月二十八日　まめリング、チョコビート、バニラゴーフル、ミルクティー。

平成二十二年五月十四日　おにぎりせんべい、チョコサンドクッキー、ミルクコーヒー。

平成二十二年五月十九日　おにぎりせんべい、チョコサンドクッキー、ミルクコーヒー。

平成二十二年六月十一日　とんがりコーン、プチチョコビス、パピコ、コーヒー。

平成二十二年六月二十三日　とんがりコーン、プチチョコビス、パピコ、コーヒー。
平成二十二年七月九日　味ごのみ、エビせん、バタープチケーキ、パピコ、アップルティー。
平成二十二年七月二十八日　味ごのみ、エビせん、バタープチケーキ、パピコ、アップルティー。
平成二十二年八月六日　ポテチ、プチいちごケーキ、キャラメルケーキ、パピコ、ミルクティー。
平成二十二年八月二十五日　ポテチ、バターレモンプチケーキ、キャラメルケーキ、パピコ、ミルクティー。
平成二十二年九月十日　ミニバームロール、コーヒー。
平成二十二年九月二十九日　ミニバームロール、コーヒー。
平成二十二年十月八日　ポカリスエット、チューアイス、ココナッツクッキー。
平成二十二年十月二十七日　ミルククッキー、タルトショコラ、コーヒー。
平成二十二年十一月十二日　ペコチョコビスケット、ポテトスティック、わかめ飯。
平成二十二年十一月十七日　ペコチョコビスケット、ポテトチップス、コーヒー。

平成二十二年十二月十日　エリーゼ（十六枚）、クラッシュ、プチ塩せんべい、コーヒー。
平成二十二年十二月二十二日　エリーゼ（十六枚）、クラッシュ、プチ塩せんべい、コーヒー。
平成二十三年一月十四日　ガルボチョコチップ、レーズンサンド十一枚、なげわ、コーヒー。
平成二十三年一月二十六日　ガルボチョコチップ、レーズンサンド十一枚、なげわ、コーヒー。
平成二十三年二月十八日　ぷくぷくたい、フォンダンショコラ、アルフォート、キングドーナツ、ミルクティー。
平成二十三年二月二十三日　ぷくぷくたい、フォンダンショコラ、アルフォート、キングドーナツ、ミルクティー。
平成二十三年三月十一日　マクビティ、ポリンキー、チーズアーモンド、キャラメルコーン、ネクター。
平成二十三年三月二十五日　マクビティ、ポリンキー、チーズアーモンド、キャラメルコーン、ネクター。
平成二十三年四月二十二日　北海道クリームキャラメルクッキー（八枚）、アルフォー（十二ヶ入）、フルーツジュース。

平成二十三年四月二十七日　北海道クリームキャラメルクッキー(八枚)、アルフォート(十二ヶ入)、フルーツジュース。
平成二十三年五月十三日　ガトーレーズン(八枚)、チョコアンパン、コーヒー。
平成二十三年五月二十五日　ガトーレーズン(八枚)、チョコアンパン、コーヒー。
平成二十三年六月十日　ショコラセーヌ(十四枚)、ミニチーズおかき、コーヒー。
平成二十三年七月八日　はちみつレモンケーキ、コーヒー。
平成二十三年七月二十八日　はちみつレモンケーキ、コーヒー。
平成二十三年八月十二日　カスタードケーキ、コーヒー。
平成二十三年八月十二日　プチ黒豆、パピコ、コーヒー。
平成二十三年九月九日　ホームパイ(十八枚)、チョコアンパン、コーヒー。
平成二十三年九月二十一日　ホームパイ(十八枚)、チョコアンパン、アップルジュース。
平成二十三年十月二十一日　クリームコロン、チョコマフィン、ミルクコーヒー。
平成二十三年十月二十六日　クリームコロン、チョコマフィン、ミルクコーヒー。
平成二十三年十一月十一日　バナナオムレット、チーズDEおつまみ、ミルクティー。
平成二十三年十一月十六日　バナナオムレット、チーズDEおつまみ、ミルクティー。

Ⅱ　中川茂代のテレビ番組から（テレビ西日本・TNC報道ドキュメント）

記者魂【暴力団「離脱」の現実〜元組員の社会復帰支援〜】二〇一四年十二月一日放送

本企画は、暴力団離脱者の社会復帰支援における民間の支援実態を特集する意図で制作されたものである。中川茂代のほかに、かつて彼女の支援を受けた「元暴力団組員」が、三名登場する。以下では、彼らの発言内容を紹介する。

●暴力団離脱の現実

元組員A

Q　どうして暴力団の世界に入ったのか？

「正式な組員になったのは、十九（歳）ぐらいのときですね。若い時の目から見たら、いつもかっこいい車に乗り、いい服着て、いい女連れていて、まあ、かっこよく見えますよね。そういうので、多少の憧れはあったと思います」

Q　どうして暴力団を離脱しようと思ったのか？
「暴対法ができてから、全然、何もできなくなったので、それから、やはり厳しくなったいうんはありますよね。経済的にもしんどかったですし、うーん、いろいろ体とられるのも（組に拘束される）、自分の時間がとれないのでね、いつ呼ばれても行かなあかんので、そういうのもやっぱしんどかった」

ナレーター：およそ十五年間暴力団に所属し、その後、離脱した。真っ当に生きてゆきたいと仕事を探したが、雇い先は、なかなか見つからなかった。

Q　社会復帰してみてどうか？
「いやあ、しんどいですね。なかなか、そういうもんがあれば、仕事も決まらないんですよ。今まで、仕事もしていなかったので、だから、組織を出ても厳しいのは厳しい思います」
Q　後悔とかしてますか？
「自分の人生やからね、後悔はしたくないんですけど、でも、やはり、やり直せるものなら、やり直したい」

●元組員らを支える女性

ナレーター：中川さんは、人伝に訪ねて来る元暴力団組員や、出所者に食事を振る舞い、仕事先として、知人の会社を紹介するなど、様々な相談に乗っている。

中川茂代と元組員Bとの朝食時の会話

「久しぶりや……こんな朝ごはん、米とか食べんの」

「ごはんぐらいやったら、いつでも作るさかいに、いつでも来てや」

「ありがと」

「最近どうしてんの、ほんで」

「え……」

「仕事……」

「行ったり、行けへんかったり……なかなか、やっぱり、難しい」

「そうか」

Q　中川さんの支援をどう思うか？
元組員B　「（離脱した）当時とか、みんな寄せ付けへんかったけど、なんか知らんけど、ここだけ（中川宅）には足が向いたね。不思議やね、なんや、分からへんけど」
中川茂代　「私、しつこいからちゃうかな。ムッチャしつこいもん」
元組員B　「（中川姐な）感じがなんか、あっけらかんとしていて、冷たそうで、結構、ちょっ

中川茂代の自宅で、近所に住む中学時代の先輩と。

暴力団離脱者と近隣での一コマ。

公園で、かつて支援した暴力団離脱者と談笑する。

と、みんなが怖がる存在。僕も、最初会ったとき、腹立ってケンカしたりしたけど、なんか、優しいとこ……見えたんかな、そこで」

中川茂代　「一生懸命作って、皆が『おいしい、おいしい』いうて食べてくれたらうれしい。そしたら、また、今度、こんなん作っとくわ、いう感じになんねん」

中川茂代と元組員Aとの会話

中川茂代「久しぶりやん、どうしてんねん、元気してる」

元組員A「お久しぶりです。今のとこ、何とか元気にやってます」

Q　どんなこと会話されるんですか、会った時とか？

中川茂代「いま、どないしてんの？　から始まるし」

元組員A「大概、僕が飯食いに行くことが多いですわ。さっき言うてたように、世話になってる代表みたいな男やからね。(僕は)中川さんが、弟みたいに可愛がっている子の兄弟分やって、それで、知り合った」

ナレーター：暴力団を離脱後、なかなか仕事に就けず、自暴自棄になっていた男性を救ったのは、中川さんの存在だった。

元組員　A「中川さんの、一番ありがたかったことは、助言というか、いつまでもそないなことしてたらあかんと、四十九歳になった時ですけどね、言われたことですわ。『もう、五十歳なるねんから、しっかりしなさい』いうて、親身になって怒ってくれているのも分かって……」

中川茂代「いま、愛する人がお腹大きいのやろ」

元組員　A「それも、あります。そのふたつ。まあ、いいタイミングで、そういうのがあったから、ちょっと頑張ってみようかな思って。ちゃんとした正業には、まだ就いていないけど、なんとか食いつないでいけるかたちですね」

●支援を続ける理由

中川茂代個人に対するインタビュー

Q　どのようなご家庭でしたか？

中川茂代「おじいちゃんはバクチ打ち、おじさんは武闘派……いうか、まあ、ちょっと。で、うちの父親も、どっちかいうたら、人生の半分以上を刑務所で過ごしたような人やから」

ナレーター：中川さんは、祖父と父親が、暴力団幹部という一家で育った。離脱した組員らの支援を続ける理由は、過去の苦い経験が大きく影響している。

Q　中川さんは、どういう罪名で服役されたのですか？

「罪名はね、私は、覚醒剤使用だけと思っていたんやが、営利目的有償譲渡いう罪名ですねん。それプラス追起訴で『使用』やってん」

ナレーター：覚醒剤事件にからんで服役した中川さん。離婚という代償も伴う結果となったが、その中で、気づいたことがあった。

中川茂代「私が一番感じたんは、やっぱり『外からあなたを待っているよ』いう、私は、母親が、『お母ちゃんだけ、（お前の帰りを）待ってる思うたら、ええねん』と、いつも面会で言ってくれて、それが支えやったから。差入れも、毎日、毎日してもろうて……でも、面会に誰も来ない人がいる。大抵、そうやけど、一回も来ない人が居てるんですよ」

ナレーター‥中川さんは、ホテルのフロントなどで働きながら、助けを求める人たちに、出来る限りの支援を続けている。

●広がる理解と支援の輪

中川茂代と元組員Cとの会話

元組員C　「あの、服脱げないとか、一緒にみんなで風呂に入れへんとかね、そういうのもありますし、今も職に就けてへんし、生活保護も受けられず……そういうのが（暴力団加入歴）あるいうんは。なんとか、日銭いうか、ボチボチ食べていってるいう感じですね」

ナレーター‥十年ほど前に、暴力団組織を離脱したこの男性も、中川さんの支えに救われたという。

元組員C　「贅沢いうか、わがままやけど、(社会復帰は) 結局、個人まかせ。出所後に施設があったり、支援するとか警察も言うてるけれど、結局は、見捨てられているようなもんですからね、半分ね。彼女 (中川茂代) からは、なんや昔からの友達みたいなことしてもらえてる」

中川茂代　「昨日、今日でも、十年来の友達みたいになってまうから」

元組員C　「そう、だから、こっちも、気い許せるいうか、落ち着くし、ものすごく有難いことですね」

ナレーター：男性 (元組員C) は、薬物依存者を自宅に預かるなど、いまは、支援する側にまわっている。

元組員C　「十日たったら出て行って、また、戻ってきて、その繰り返しですわ。僕が全部、炊事もやってるし、洗濯もね」

中川茂代　「寮長いう感じやな」

元組員C　「(私を含め、支援を) してもらった人間は、もう、感謝の気持ちでいっぱいですわね、やっぱりね。やっぱ、そういう受け入れてくれる人は少ないから、理解してくれる人はね」

中川茂代「まあ、私のところで、そんな子来たら助けてあげて」

元組員C「そら、もう、いつでも言うて下さい。協力もしますし、なんぼでもさせてもらいます。できる限りは、やらせてもらいますんで」

●求められる社会復帰支援とは

中川茂代個人に対するインタビュー

中川茂代「やっぱ、みんなちゃんとしたいねん。ちゃんと生きていきたいねん。ホンマは。根本は、せやねん。もう、もっかい（もう一回）人生やり直せんのやったら、もっかい頑張ってやり直そう、みんな、そう思うてる。絶対に……でも、やっぱり出来へんねん」

「警察がこう言ってくれてるから、私、まじめになりましたとか、じゃ、うち、絶対聞いたことない。しゃから、やっぱり……気持ちを許せる人との信頼関係と……それで立ち直れるんちゃうかなあと思うてる」

「地域に根付いた組織作らなあかんのちゃうかな……思うてきた、今は」

ナレーター：踏み込んだ取り組みの必要性が指摘されている暴力団組員の社会復帰支援。暴力団排除をさらに推し進めるには、避けては通れない課題となっている。

III　著者による解説

1. 本書の意義

本書の中でライフヒストリー[91]を語る中川茂代は、便宜的抽出《べんぎてきちゅうしゅつ》方法[92]により抽出された被調査者のひとりである。それは、元暴力団構成員であった山本氏の紹介によるものであった（廣末、2014）。当初の目的は、公益財団法人日工組社会安全財団の助成研究「二〇一四年度一般研究助

91　平河勝美によると、ライフヒストリー研究が「ある個人の身の上に起こった出来事の事実性を実証し、時系列にそった線形的な人生を描写することに関心を払う」のに対して、ライフストーリー（……）研究は「語りあるいは語るという行為（story-telling）、そして、語られたものの『ストーリー』としての局面に注目する」のである（平河、2006: 62）。本書は、事実性を重んじた研究ゆえにライフヒストリー研究といえる。一般の読者が「ストーリー」では架空の出来と勘違いする危険性があるので「ヒストリー」という用語を用いた。

92　便宜的（サンプリング）抽出法（opportunistic sampling）とは、偶然手近に居る被調査者を起点にして、次に調査に応じてくれそうな人を選び出してアプローチする方法。「友達の輪」を拡げてゆくようなサンプリング方法（佐藤、2001: 104–105）。

成・社会病理集団離脱者の実態に関する研究」において、元暴力団組員の紹介などといった調査協力を依頼することであった。この再会と調査協力プロセスが、中川茂代との間におけるラポール[93]醸成の端緒となった。

前述の調査期間中、筆者は、度々中川茂代の自宅を訪ねる機会を得た。それは、暴力団などの社会病理集団離脱者を紹介してもらうための段取りや、あるいは、彼らの口述データ収集に際して、度々、彼女の部屋を調査地点として使わせてもらったからである。

そのように訪問を重ねていると、中川茂代を尋ねてくる元受刑者や、かつて世話になった暴力団の離脱者、彼女の近隣友人（先輩や後輩）とも自然に話をするようになった。中川茂代自身も、筆者のことを彼らに紹介した。彼らが尋ねて来る理由は、多くの場合、何らかの支援を求めてやってくる。それはたとえば、就職の斡旋《あっせん》依頼、食事を求める、男女間のトラブルに対する助言依頼、あるいは、生活費を借りにくるなどの理由によるもの等である。まこと、多種多様な人物が、老若男女を問わず、彼女の部屋を訪れる。彼らの対応時に、特に相談者が拒否をしなければ、筆

93　ラポール（rapport）とは、調査者と被調査者との間の信頼関係のこと。質的な社会調査では、このラポール構築ができるかどうかにより、調査の成功・不成功の明暗を分ける。筆者の経験上、質的な社会調査は、ラポールにはじまりラポールに終わると言っても過言ではない。

者はその場に同席し、話を聞くことができた。ただし、相談内容が極めて個人的であったり、犯罪歴に関するもの、あるいは見聞きした非行や犯罪の手口などが含まれていたことから、相談者のプライバシーに配慮して、メモなどの記録は一切とっていない。

本書で語られる被調査者・中川茂代の人生は、いわゆるライフヒストリーといわれるものであり、物語形式で、一人称の視座から、率直な主観的スタンスで語られるという特徴を有するものである。彼女の話は、豊かな感性とユーモアに富むものであり、話の展開によどみがなく、ドラマチックな緊迫感をリアルに伝える現実に根差したノンフィクションである。

本書のスタイルは、形式的には自伝に近い。しかし、自伝というものは、概してその人のライフヒストリーのほんの一部しか伝えていない。自伝の作者は、自身が語る内容につき、何らかの意図をもって、公表して良い事実、悪い事実を慎重に、恣意的《しいてき》に選択している可能性を否めない。さらに、読者にとって興味深い内容であっても、作者自身にとっては不快な記憶や内容であることを理由に、あるいは、無意味・無価値なもの、つまらないものと考え、語られない事実がある可能性を否めない。こうした個人の主観と何らかの思惑のために書かれた自伝とは異なり、ライフヒストリーとは、現実に根差している。その中では、個人の経験の描写、個人の生活世界の主観的な解釈が、リアルに示されることが重視される一次データであることが特徴である。

社会学者が「その人自身の物語」としてのライフヒストリーの価値を重んじるのは、なぜ人はその人が行動するのかを理解するためであり、①その行動がその人自身の目にはどのように映るのか、②その人がしなければならないと考えているのはなにか、③その人に開かれているとその人が考える行為の選択肢は、なにがあるのかを理解したいと考えるからである（ベッカー、1966=1998: 3）。

ただ、ライフヒストリー法によって紹介される異文化は、中立的あるいは絶対的立場というものは存在せず、特定の立場におかれた研究者が行う社会的現実の記述や解釈というものが、事実の取捨選択を含め、必然的に社会文化的・歴史的制約を受けた「理解」の範囲でしか可能にならぬのではないかという疑問の余地がある。あるいは、ライフヒストリーから理解できるのは、行為者の視座からとらえた行為の説明から引き出される、機会の構造や非行集団のサブカルチャーや、社会規範その他が行為に及ぼす影響の諸要因に過ぎないとの指摘もある。このような問題を克服するためにも、研究者がそれぞれの意味世界を生きる個人に直接出会い、彼／彼女らが生きる／生きたリアルな日常的現実の複雑な様相を、単純化や一般化や粉飾や誇張を控え、できるだけ生のまま提示するという方法以外にない。そのことこそが、ライフヒストリーという研究方法の使命であると筆者は考えるものである（玉井、1998: 299-330; ベッカー、1966=1998: 3）。

先述したように、ライフヒストリー研究の目的とするところは、社会生活を営む人間の本質的な理解である。そのために、ライフヒストリー研究は、調査対象を網羅的《もうらてき》に捉える研究方法であり、ひたすら限定的な事例のみを研究することである。

ただ、そうとはいえ、筆者は、本書中において、収集した聴取データをもとに、何らかの議論や、仮説の設定、あるいは検証することを念頭においていない。ここで提示された聴取データは、何より、研究者に限定せず、多くの読者に対し、女子犯罪者の非行や犯罪深化のプロセスを、ただひとつのケースを紹介するために、個人の発達に沿ってまとめられたものである。なお、この聴取データを収集するに際しては、半構造化面接94という調査方法を採用しているため、当然に、筆者と中川茂代との間で、複数回の質疑応答が為されている。しかしながら、筆者の質問事項を文中にいちいち記載してしまうと、①被調査者の話の流れが中断すること、②本書を読んでもらいたい一般の読者を想定した時に読みにくくなることを考慮して、あえて中川茂代の話しのみで本文を構成した。中川茂代の話の中で、彼女が比喩《ひゆ》に困った時などは、筆者が「たとえば、そ

94　半構造化面接とは、あらかじめ質問事項は準備しておくが、話の流れに応じて、柔軟に質問を変えたり加えたりする面接方法のこと（南風原ほか，二〇〇九：三二）。

の感覚を例えるなら、このような感じではなかったか」というような示唆[95]は行った。その他に、文章のつながり、読みやすさを考慮して、一部、筆者により話の順番の入れ替えや、助詞の追加などの処理を行っている。なお、本書中で掲載した写真は、全て筆者が撮影したものである。

言うまでもないことであるが、ここで提示された聴き取りによるデータ（記述や描写）が、他の女性犯罪者の非行・犯罪深化プロセスに、どの程度まであてはめられるのかという問題は想定していない。そのことは、筆者か筆者以外の研究者による、後の研究において精緻《せいち》に検討されるべき問題である[96]。ただし、一言付言するとしたら、この事例は、明治や大正時代や戦前ではなく、はたまたニューヨークのスラムやアフリカのどこかで聴取されたデータでもない。それは、現在、

95　示唆の例としては、「そうやなあ、（結婚して）うちの人生変えたな。うちも一八〇度変わった。例えるならなあ……血液型が変わった……ちょっとニュアンスちゃうなあ」「じゃあ、生まれた星座が変わったとか」「せやな、せやせや、さそり座の女が、おとめ座になったようなもんやな。それ分かりやすいわ」このような筆者と中川茂代とのやり取りである。

96　日本犯罪社会学会か日本社会病理学会の若手会員の方に、是非とも彼女の非行・犯罪の深化プロセスなどにつき、研究していただきたい。筆者は、中川茂代との面談時、中川茂代の母を交えた酒席、あるいは近隣の方との歓談の際、同学会の先生に同行して頂いたことが複数回ある。これは、フィールドの共有という意図で為されたものである。

我々が生活する日本社会の一角で収集された点に留意する必要がある。本書中では、あえて犯罪学的な非行・犯罪深化の議論を行わない。したがって、本書の役割は、「社会生活を営む人間の本質的な理解」のための一つの事例・素材を提供することである。

2. 聴き取りによるデータ収集手続き

先に述べたように、本書のデータ収集対象者である中川茂代は、便宜的抽出法により抽出された被調査者である。それは、筆者が二〇〇六年に行った「暴力団加入要因の研究」で、インフォーマントを務めてくれた元暴力団構成員であるJ氏（山本氏）によって紹介された。中川茂代との最初の出会いは二〇一二年九月二十八日、彼女が働くスナックでなされた。その後、二〇一四年五月二日、公益財団法人日工組社会安全財団助成研究「社会病理集団離脱実態の研究」における調査対象者の紹介をお願いし、快諾してくれたことが、本書におけるデータ収集を可能とする機会となった。そうすると、本調査は、図らずも公益財団法人日工組社会安全財団研究の助成資金によって為された第二の成果ということになる。本書のデータは、①何度も同じ部分を重複的に尋ねていること、②山本氏は、中川茂代の竹馬の友であること、③中川茂代の町内の者（中学校時代の先輩や後輩、近所オッチャンやオバちゃん）からも情報収集を行っていること、④中川茂代の母親、妹などに対しても当時の模様を確認したことから、データの信頼性は一定程度担保されていると評し得る。

ただ、そうはいっても、データの提供者は、必ずしも自身の生活状況を客観的に語り、記述しているとは限らない。また、時間の経過により、「情報上の地位の遅れ[97]」といった問題点も指摘し得る。しかしながら、筆者は、ライフヒストリーという個人記録の妥当性の価値は、客観性や正確さというものに左右されないと考える。その物語に、データの提供者自身が経験した出来事の解釈や態度が反映されていると期待することができるのである（さらに言うと、合理化や作り話、偏見、誇張、美化ということも被調査者の態度として社会学的には価値があるのである）。ライフヒストリー研究においては、この出来事の解釈と態度が重要であると、筆者は認識している。

97　情報上の地位の遅れ（positional lag of information）とは、たとえば、階層構造内を移動したことがある人は、自分の経験を通じて、より低い階層のことを知っているが、それは昔のことで、いまはその低い階層についての情報伝達の回路が、その人に無くなっている。それにもかかわらず、当人はそのことに気付かず、昔の低い階層当時のことを正確に（第三者に）告げ得ると信じていることを指す。ゆえに、その意味で、高い階層の人が低い階層について提供する情報には、一般に不適切・不正確なものが多いと言われる（福武＝松原、1990: 89）。

聴き取りの期間は、二〇一四年五月二日から、二〇一五年五月三日のおよそ一年間にわたり、聴取地点において中川茂代が語る内容を主たるデータとして、あるいは、彼女自身が記述したメモ、当該メモに対する筆者の再質問（文書と電話）というやりとりを重ねつつ、記述したものである。主たる聴取場所は中川茂代の自宅であるが、その他、公園やスナック、移動中の車内、レストランや喫茶店での喫食中、彼女の妹が働くスナックのボックス席など様々な場所で行われた。

聴取手続きとしては、中川茂代の自由な語りに基づく半構造化面接という方法を採用した。調査に際して、特に質問紙を用意したわけでもない。生育家庭環境、非行少年時代、結婚して家庭を持った時代、覚醒剤中毒の時の生活、覚醒剤営利目的所持で逮捕された時から刑務所に収監された時の気持ちや状況、刑務所における生活とその感想、出所後の生活、エピソードなど、時系列に語ることを中川茂代にお願いした。なお、不明な点、必要と思われる点は、都度、筆者が質問した。質問は主に口頭でなされ、特にボイスレコーダーなどへの録音はしていない。データは、彼女の面前でノートに記入した。補足的な部分は、彼女の手記を参考とした。刑務所入所時のイベントなどは、彼女が収監されていた間に記録していた「獄中記録」を参考にした。

3. 筆者の関心事について

先述した通り、筆者はもともと公益財団法人日工組社会安全財団の助成研究である「社会病理集団離脱実態の研究」のために、中川茂代へインフォーマントの役[98]をお願いした。なぜなら、彼女は、暴力団離脱者に限らず、刑務所出所者への非公式な立ち直り支援を行っていたからである。もっとも、彼女自身も、覚醒剤営利目的所持の罪で、刑務所に四年半の期間服役した経験を持つ。

立ち直り支援とは、たとえば、刑務所出所者に対して食事を振る舞い、一夜の宿を貸し、金銭を貸与し、就職や住居を斡旋し、よろず相談に乗ること等である。これらは、公的機関が為しえないケースバイケースの、離脱者・更生者のニーズや特性に応じたオーダーメイドの支援である。何より筆者が感じたこととして、中川茂代の場合は、自身が様々な非行を経験し、覚醒剤中毒になり、覚醒剤の売人と暮らし、刑務所に収容された経験があることから、相談者との目線が共有

98　インフォーマントとは、フィールドワークの場合、調査現場において、その社会や社会内の人間関係に通じた、現場における物知りの友だち。

でき、いわゆる犯罪・非行サブカルチャーを踏まえた「痛みが分かる」支援ができていたことである。

ただ、面白いことに、中川茂代自身は、自分の行為を支援とは認識していなかった。これら一連の行為を、役割モデル[99]である母親の背中を見て行っていたというのである。そこにあるのは任侠の行動原理であった。任侠とは、自己を犠牲にして他人のために尽くすことを美とするものである。実際、彼女の祖父母、父母は、複数の組員を抱える地元では名の知れた博徒＝ヤクザの組織であった。その活動は、地域密着型であり、大阪の歓楽街ミナミをシノギの場所として、バ

99　ある個人が特定の社会的地位を占める場合、その人の行動は、自己特有の性格よりは、地位に付随する期待によって決められることが多い。役割とは、社会的地位に付属する、社会的に定義された属性と期待の集合体である。たとえば、ある教師個人は「教師の役割」を遂行するが、その役割は、その時点での彼または彼女自身の感情とは無関係に、期待されている行動を伴っている。ゆえに、その地位を占める人間の個人的特性とは別個の、教師の職業的役割行動について一般化することが可能になる。役割は、個人的行動がいかに社会的に影響され、特定のパターンに従うようになるかを示すという意味で社会学的に重要である。この役割のお手本となる者、投影者が、役割モデルであるといえる（アバークロンビー, et al., 2000: 281）。

カラ賭博などを開帳していた。母親のエピソードにもあるが、自分の店に押し入った拳銃強盗に対しても過分な施しを行うという姿勢は、われわれの社会的な規範からは考えられないことである。さらに、そこで受けた恩を忘れずに、現在に至るも中川茂代の母に義理を欠かない拳銃強盗犯も、やはり任侠の世界に生きる者であったということである。

特筆すべきこととして、中川茂代の母親をはじめ、組に所属していた当時の若中（組解散後はカタギになっている）、近隣の住民が、社会復帰者（元ヤクザや覚醒剤濫用者）の立ち直りにおける監視や指導にも一役かっているのである。調査期間中、筆者は、そうした支援の在り方を、この目で見た。二〇一四年の五月二十五日の一七時半から、中川茂代の紹介で、元暴力団幹部の中田社長のインタビューを行った。その折、中川茂代を頼って来ていた二十代後半の出所者も、社長に紹介された。インタビューが終わって会食した際、次のようなやり取りがあり、その若者は、翌日から中田社長が経営する花屋で働くこととなった。

「あんなあ、おっさん、この子、先週出て来たばっかかなんやで。仕事ないねんな。おっさんのところで使ってもらえん」「ふーん。若いな……おまえ、車の運転は出来るか」「はい。普通車の免許ですけど」「うちは朝が早いで、大丈夫かいな」「はい。大丈夫です」「ほな、明日からや。住むとこ用意するわ」と。この時、中川茂代に紹介された若者は、現在も中田社長の会社で真面目に働いている。休みの日には、社長の夫人に同行して、墓掃除も手伝う勤勉ぶりであると、後日、夫人に聞いた。

さらに、インフォーマルな近隣監視の例として、中川茂代が筆者に言ったことがある。「あかんあかん、シャブとか、もうできんわ。そんなんしたら、うち、この街に居れんごとなるやん」と。あるいは、次のようなエピソードもあった。二〇一五年五月二日の二十一時に、中川母娘の招きにより、山本氏と中川茂代、そして筆者は、晩の食卓に同席した。二〇一五年の年始から力仕事に就いた山本氏は、明らかに贅肉が落ち、痩せていた。そのような彼を見て、中川茂代の母は「山本、ちょっとこっち来い、おまえ、まさかシャブやらやってないやろうなあ」と言いつつ、顔を近づけ、氏の目をしばらく見つめていた。あるいは、「おまえ、今日は何で（どのような交通手段を使って）ここに来たんか。飲酒運転は絶対にしたらあかんで。車やったら、代行の（代金）は、出したるさかいな」と。このことを見ても、非行や犯罪に対するインフォーマルな近隣監視が為されていることは明らかである。

こうした母娘の行動を、筆者は「インフォーマルなコミュニティオーガナイゼーションによる社会復帰支援」として、関心を持ったのである。以下では、中川親子や、近隣の姐さん（元ヤクザ組織の組長の妻）、中川母の組に所属していた若中、近隣住民が（日常的に）取り組んでいる活動の意義や効果について、筆者ら[100]がまとめた最新の社会病理集団離脱の研究の中から、若干、紙幅を割いて紹介する。

4. コミュニティオーガナイゼーションによる社会復帰支援

我が国の社会病理集団[101]の離脱に関する政策的提言としては、①刑事施設における離脱指導の推進、②職業支援の充実、③一般人との社会関係の保持や安定した生活様式確立のための生活指導などを念頭においている。暴力団等離脱者の社会復帰を促進する福岡県などでも、協力雇用主への刑余者就労受け入れ要請の強化、民間の事業者が運営する更生支援寮による受け入れなど、

100 松尾太加志（北九州市立大学文学部教授・副学長）、田中智仁（仙台大学体育学部准教授）、廣末登（NPO市民塾21特別研究員）。なお、田中と廣末は、日本犯罪社会学会、日本社会病理学会会員である。

101 社会病理集団とは、主に暴力団やテキヤ集団を想起するが、本書においては、覚醒剤の売人集団や常習者仲間もそれに該当する。平たくいえば様々な「悪いことをする人や悪い人たち」を指す包括的な概念である。

コミュニティ・オーガナイゼーション（地域組織化）の萌芽《ほうが》がみられる（西日本新聞、2015）。コミュニティ・オーガナイゼーションについては後述する。

最新の研究をみると、たとえば、『日中組織犯罪共同研究 日本側報告書Ⅰ 暴力団受刑者に関する調査報告書』において暴力団対策への提言がなされている。そこでは、社会病理集団離脱に資する理論的視座として、サンプソン＝ラウブの「年齢によって段階づけられたインフォーマルな社会統制理論（a theory of age-graded informal social control）」が引用されている（菊池、2011: 116-117）。

一方、海外におけるギャング離脱支援プログラムをみると、その根底には、「年齢によって段階づけられたインフォーマルな社会統制理論」の考え方が存在する。犯罪学の領域における最も重要な発展は、個人のライフコース上の犯罪を考察してきたことであった。そこでは、個人の犯罪への関与を比較して、開始、連続、断念というピリオドを重視しており、ギャングにおける犯罪行動の断念は、個人の内面と直接的環境という通常要因の組み合わせの結果であるとして、サンプソン＝ラウブの理論的主張を支持している（Hastings, et al., 2011: 4）。

以下では、「年齢によって段階づけられたインフォーマルな社会統制理論」の考え方とはどのようなものであるかということについて、本書の内容に関係する範囲で、簡単に紹介する。

(1)年齢によって段階づけられたインフォーマルな社会統制理論

サンプソン＝ラウブの研究[102]は、一九九三年に著した『犯罪の生成——人生の道筋と転機』において「年齢によって段階づけられたインフォーマルな社会統制理論」を展開した。これは、ライフコースわたる持続性と変化を認識し、児童期の反社会的行動、青年期の非行、成人期前期の犯罪行動を理論的に説明するものである。この理論では、コントロール（社会統制）理論の命題である「社会との紐帯《ちゅうたい》（ボンド）が弱まったり切れたりする場合に、犯罪・逸脱の可能性は高くなる」という主張を、理論構築の礎として用いている（Hirschi, 2002: 75; Sampson＝Laub, 1993: 65)。その上で、ライフコース・パースペクティヴにしたがい、年齢に基づく個々人のライフコースを識別し、様々な社会統制制度が生涯で変化することを論ずる。フォーマルな制裁の意図が犯罪統制として為されるのとは異なり、インフォーマルな社会統制は、家族、学

102　サンプソン＝ラウブの研究は、①既存の犯罪学理論と新たな概念の統合による一般理論としての意義、②非行行動の測定におい類稀な信頼性と妥当性を有するグリュック・データを用いた検証、③経験的証拠による多くの支持、④理論が導く多様な政策的含意によって、ライフコース犯罪学を代表する研究となっている（上野、2007: 156-157)。

校、労働での関係や結びつきを通して確立される副次的役割関係の結果として現れると主張する(Laub=Sampson, 1993: 303)。

年齢によって段階づけられたインフォーマルな社会統制理論は、労働、結婚等といった正のターニング・ポイントを経験することによって得られた、インフォーマルな社会統制の役割を重視するものである。それは社会における重要な他者との関わり、すなわち、親と子ども、教師と生徒、雇用者と従業員など、人生上の発達段階において個人と社会とを結びつける関係であり、「社会関係資本（social capital)」として表現されている（Sampson=Laub, 1993: 140-141)。

社会関係資本とは、その機能によって定義づけられるものであり、社会組織の一面を構成し、そのユニット内における特定行為の促進という二つの共通要素をもつ存在である。物質的資本や人的資本同様、社会関係資本は生産力を有し、それが欠如する場合には目的の達成が困難と考えられる（Coleman, 1988: 98)。社会関係資本が欠如すると、社会紐帯は弱体化する。サンプソン=ラウブの理論では、個人、家族、雇用者、その他社会的行為者が築く社会関係の特性を識別するために用いられている（Sampson=Laub, 1993: 140-141)。

一方、安定した社会関係資本は、強い社会紐帯から得られるものであり、人生の移行を通じて変化する際に用いられる社会的・精神的資源となる。さらに、社会関係資本の概念を用いることで、非行・犯罪行動に従事するプロセスをも予測できる。すなわち、非行・犯罪を行う他者や、負の社会制度（非行サブカルチャー）との紐帯が強いほど、そのような行動に従事する可能性は高まる。このように、社会関係資本やインフォーマルな社会統制というものは、個人と社会構造を結びつける機能を有しているため、個人の行動の変化を説明する際に重要な役割を果たす概念であるといえる（Sampson=Laub, 1993: 18-19）。

サンプソン=ラウブによると、遵法的社会への同調に至る道筋は、成人期への移行をなす重要な社会統制制度（就職、兵役、結婚など）により修正されると主張されている。年齢によって段階づけられたインフォーマルな社会統制理論は、多くのライフコース研究が、単に結婚や就職といった出来事の発生やタイミングを重要視するのとは異なり、移行による社会紐帯や社会関係資本の変化が、行動を変化させる要因であると主張する[103]（Loeber= LeBlanc, 1990: 430-432）。

この成人期の社会統制は、親や学校による統制といった直接的統制ではなく、他者への義理や

103　結婚すること自体が社会統制を強めるわけではない。しかし、親密な結びつきや、資本の相互投資が男女の紐帯を強くするので、犯罪行動の減少を生じさせる。慣習的職業社会における就職も同様である。社会紐帯を強める就職とは、意義のある労働、雇用の安定、労働者と雇用者の相互的な結びつきなどがあいまって、犯罪行動の減少につながるのである（Sampson=Laub, 1993: 140）。

自制といった内在的統制を生じせしめる相互依存システムが重要となる。[104] 内在的統制は、犯罪性向を犯罪行為へと転化することに対し、障壁となるのである。なぜなら、犯罪経歴に関係なく、犯罪の抑制は、意義のある労働や親密な家族生活のなかで投資された社会関係資本の蓄積に依拠しているからである。このことから、サンプソン＝ラウブの理論的視座における、人生後期の犯罪・逸脱の開始と、犯罪終了を説明するポイントは、社会関係資本と相互依存システムが相互関係にあり、ともに個人と社会制度との間に存在する社会紐帯内に埋め込まれていることである（原田、1999: 405; S ampson=Laub, 1993:1 41）。

以上のことから、年齢によって段階づけられたインフォーマルな社会統制理論の成人期の理論命題として〈成人期に形成される社会紐帯や社会関係資本から生じるインフォーマルな社会統制が、従来の犯罪性向の差異とは関係なく、犯罪行動の変化を説明する〉が提示される（Sampson=Laub, 1993: 243-245）。

104　サンプソン＝ラウブは、相互依存システムを非行行動からの変化を、投資概念として説明するために用いている。雇用者は労働者を雇い、その賃金という投資が成果を上げることを望み、配偶者は相手の犯罪経歴を知っていても、将来を投資している。こうした投資は、相手からも社会関係資本の投資を受けることになるので、そこに相互的性質が認められるのである（Sampson=Laub, 1993: 140-141）。

(2)我が国における犯罪予防活動の考え方

我が国の社会病理集団離脱における一連の施策は、社会関係資本の投資という点に重点が置かれており、上野や津富による政策的主張を肯定するものである。すなわち、非行・犯罪者の処遇とは、本人の年齢を考慮し、最も重要な社会制度を見極め、その社会制度における人とのつながりを増すべく、サンプソン=ラウブが主張する社会関係資本を投資することである（上野、2007: 189）。非行・犯罪者は、犯罪や非行を行うこと自体において既にレッテルを付与されている。あるいは、長期の刑務所拘禁、その後の不安定な職業状況から否定的なターニングポイントを経験しているため、社会から隔離されやすい存在である。そのため、社会関係資本の積み立てにおいて、どうしても不利にならざるを得ない。その不利を補い、マイナスをプラスに転じる処遇こそが、再犯を減らすことにつながるのである（津富、1996: 106）。

中川母娘の支援を得てなされた、筆者らの社会病理集団離脱研究において、新たな知見も見いだせた。それは、たとえば、近隣社会におけるインフォーマル支援者の存在（犯罪経験者はとりわけ「痛みが分かる」「真に犯罪から足を洗ったかが自身の経験則に照らしてわかる」支援者となる）が、社会病理集団離脱者・更生者の社会復帰において重要であること、あるいは、離脱者・更生者の社会復帰の有無とは関係なく彼らの地元志向の強いことである。

過去の研究では「（暴力団などの社会病理集団）離脱後の職場に関しては、所在地がもとの社会病理団体の勢力範囲内にあるかどうかによる社会復帰率の差はみられず……職場の所在地よりは、そもそも、決まった職業についているかどうかのほうが、はるかに重要」と考えられるとして、離脱組織の勢力範囲から転居しなくても、離脱者・更生者の社会復帰は可能であるということが示唆されている（星野ほか、1982: 35）。このことは、実際、中川茂代が行っている地元の知人を頼った就職支援等の成功例に見ることができる。犯罪から足を洗い、遵法的《じゅんぽうてき》な社会で立ち直りを志す人たちにとって、近隣社会＝彼らが生育した地元社会への再統合は、一つの重要な更生要素といえる。なぜなら、彼らにとって地元の知己は、人生上の発達段階において個人と社会とを結びつける関係を有する社会関係資本とみなし得るからである。

社会病理集団離脱者・更生者の社会復帰の施策は、未だ緒についたばかりであるがゆえに手探りの感が否めない。今後は、行政が主導する画一的な社会復帰支援やコントロールのみならず、中川母娘が行うような地域社会におけるインフォーマルなコントロールや、地域への再統合という視座を重視し、地域社会と行政が協働した取り組みをも視野に入れ、過度に元犯罪者や社会病理集団離脱者を警戒するのではなく、官と民そして地域社会が一体となった離脱・更生支援が必要になると考える。そのためには、彼らに対して「一般の人との社会関係の保持や安定した生活様式の確立のための生活指導」を念頭に置かなくてはならないし、サンプソン＝ラウブの理論的主張にあるように、離脱者・更生者の社会関係資本を発達させ、配偶者や労働のみならず、近隣がむら社会（Villages）として、コミュニティ・オーガニゼーション（地域組織化）による社会的紐帯の強化を念頭におくべきであろう。[105] このことは、ラウブらが主張するように、結婚や就労だけでは十分ではなく、日常的に付き合う他者との対人関係で形成される「人的つながりの質」が重要である（Laub, et al.,1995: 100）。この「人的つながりの質」については、テレビ番

105　たとえば、二〇一四年十月二十八、二十九日の両日、広末がテレビ西日本報道部とともに、社会病理集団離脱者を知る近隣住民から話を聴いた際、以下のようなデータが得られた「この辺にはヤクザやめて商売してるモンがたくさん居る。昔はどうあれ、現在どう生きているかが大事や」「警察は通り一遍のことしかしてくれへんからなあ……（離脱者に）就職無いんが問題や、地元の商店街の偉いさんたちが話し合って、試験的に採用してみたらいいんちゃうか。チャンスやらなあかんわ」「昔から知ってんねんから、カタギになるなら応援してやらなあかん、根はええ子が多い、たまたまヤクザの道に行ってしまっただけの話しや」と。暴力団員でも、暴力団を離脱したのであれば、地域社会における隣人であるという意識を、地域住民の声に見出すことができた。

組における中川茂代の次のような発言――支援者の声に、耳を傾ける必要があろう。「気持ちを許せる人との信頼関係に基づいて、立ち直れると思う」と。

中川母娘をはじめ、彼女たちが生育した生野の街では、いわゆるコミュニティ・オーガニゼーションによる犯罪の予防活動が為されていた。コミュニティ・オーガニゼーションとは、犯罪・非行の原因について、個人の負責を求める発想から、社会そのものの中に犯罪・非行の要因を認める発想の転換に伴って起こってきた犯罪予防方法である。コミュニティ・オーガニゼーションの先進国であるアメリカでは、市民の意識と地域活動の展開こそが犯罪・非行の増加を阻み、予防効果をあげる方法として強調されてきた（石原ほか、2001: 433）。

むろん、中川母娘の場合、それら一連の行為が、犯罪学的、刑事政策的な必要性を認識してなされていたものではない。しかしながら、たとえ任侠規範《にんきょうきはん》に基づく義理や人情が、その主要な動機であったとしても、大阪・生野の街角に自然発生的に芽生えたコミュニティ・オーガニゼーションは、確実に機能していたのである。

残念なことに、我が国では、現在までのところ、犯罪・非行防止対策としてのコミュニティ・オーガニゼーション活動は、それほど成果をおさめていないといわれる。その理由には様々なものが含まれるが、大きな理由としては、それらの多くは行政指導型であり、地域住民のニーズ

（あるいは、離脱者・更生者のニーズ）、積極性、創意性が汲み上げられていないことが挙げられよう（石原ほか、2001: 433）。そのような、我が国のコミュニティ・オーガニゼーションが機能する数少ない実例として、中川茂代や彼女が生活する生野の街角が、我が国独自のコミュニティ・オーガニゼーションの嚆矢《こうし》となることを願ってやまない。

本書執筆にあたり、中央大学の矢島正見先生、北九州市立大学の松尾太加志先生、福岡県暴力追放運動推進センターの原田國博室長をはじめ、各方面から、親身なご助力を頂いたことに、この場をお借りして、重ねて厚く御礼申し上げます。

引用文献

アバークロンビー、N・／ヒル、S・／ターナー、B・S・（丸山哲央監訳編集）(2000)『新しい世紀の社会学中辞典』ミネルヴァ書房.

Becker, H. S. (1966) In an Introduction to *The Jack-Roller: A Delinquent Boy's Own Story*.（ベッカー、H・S・「序文」C・R・ショウ著玉井眞理子池田寛訳『ジャック・ローラー――ある非行少年自身の物語』東洋館出版社、1998、所収）.

Coleman, J. S. (1988) "Social Capital in the Creation of Human Capital", *American Journal of sociology*, 94(1), 95-120.

藤本哲也(2011)『刑事政策概論』青林書院.

福武直・松原治朗(1990)『社会調査法』有斐閣.

原田豊(1999)「ライフコース論と犯罪対策」『刑法雑誌』38 (3) : 401-409.

Hasings, R., L. Dunber and M. Bania (2011) *Leaving Criminal Youth Gangs: Exit Strategies and Programs*, Institute for the Privention of Crime.

平河勝美(2006)「看護実践能力の研究におけるライフストーリー／ライフヒストリーの適用可能性」『神戸大学発達科学部研究紀要』14 (1) : 61-71.

Hirchi, T. (1969) *Causes of Delinquency*, University of California Press.

Hirchi, T. (2002) A Control Theory of Delinquency, In (Ed.), *The Craft of Criminology: Selected Papers* (pp.75-90), New Brunswick, NJ: Transaction Publishers.

廣末登(2014)『若者はなぜヤクザになったのか――暴力団加入要因の研究』ハーベスト社.

星野周弘・原田豊・麦島文夫(1982)「暴力団からの離脱者の社会復帰に関する研究」科学警察研究所報告23(1)：28-40.

宝月誠・森田洋司編著(2004)『逸脱研究入門——逸脱研究の理論と技法——(社会学研究シリーズ15)』文化書房博文社.

法務省ＨＰ http://www.moj.go.jp/hogo1/kouseihogoshinkou/hogo_hogo10-01.html.

石原明・藤岡一郎・土井正和・荒川雅行(2001)『現代刑事政策』青林書院.

石川正興・星野周弘・小柳武・辰野文理・島田貴仁・小西暁和・中條晋一郎・菊池城治・高橋正義・渡辺昭一(2011)日中組織犯罪共同研究　日本側報告書Ⅰ　暴力団受刑者に関する調査報告書：財団法人社会安全研究財団.

北沢あずさ(2008)『実録！　女子刑務所のヒミツ』二見書房.

Laub, J. H. and R. J. Sampson (1993) Turning Points in the Life Course: Why Change Matters to the Study of Crime. *Criminology*, 31: 301-325.

Laub, J. H., R. J. Sampson, R. P. Corbett and J. S. Smith (1995) The Public Policy Implications of a Life-Course Perspective on Crime, In H. D. Barlow (Ed.), *Crime and Public Policy: Putting theory to Work* (pp.91-106), Boulder, CO: Westview.

Loeber, R. and M. LeBlanc (1990) Toward a Developmental Criminology, In M. Tonry & N. Morris (Eds.), *Crime and Justice: a Review of Research* (Vol. 12, pp.375-473), Chicago, IL: University of Chicago Press.

南風原朝和・市川伸一・下山晴彦(2009)『心理学研究法入門——調査実験から実践まで』東京大学出版会.

西日本新聞(2015)「期限なし更生支援寮——元受刑者ら向けに建設」.

Sampson, R. J. and J. H. Laub (1993) *Crime in the making : Pathways and Turning Points Through Life*, Cambridge, MA : Harvard University Press.
佐藤郁哉(2001)『フィールドワーク』新曜社.
Shaw, Clifford R. (1930=1966) *The Jack-Roller: A Delinquent Boy's Own Story*, IL: University of Chicago Press.(玉井眞理子・池田寛訳『ジャック・ローラー――ある非行少年自身の物語』東洋館出版社、1998).
津富宏(1996)「犯罪者処遇は有効である――実証研究の解明した事実に基づいた見解」『犯罪と非行』110: 98-127.
上野貴広(2007)「犯罪学におけるライフコース・パースペクティヴの台頭と展開――サンプソン＝ラウブの所説を中心に」『北九州市立大学法学部紀要』20: 155-202.

解　題

廣末登氏は、二〇〇八年に北九州市立大学大学院社会システム研究科にて学位授与の博士論文を著し、さらにそれを土台として、大幅な加筆・修正を加え、二〇一四年、西東京のハーベスト社から『若者はなぜヤクザになったのか――暴力団加入要因の研究』を著した。

これは、元暴力団構成員に対してなされた半構造化面接によって収集したデータに基づいた研究であり、そこでは、元暴力団構成員のライフヒストリーが、彼らの言葉で、リアルに記述されている。そのなかには、犯罪社会学の分野において、これまで見いだせなかった何かが、また、さまざまな社会科学・人間科学分野においてすら未発見の、深掘すべき課題が埋もれているのではないか、未知の金の鉱脈が眠っているのではないか、と考えたのは私だけではないと思う。

廣末氏は、この研究で暴力団研究にピリオドを打つことはなかった。彼が二〇〇六年に始めたスノーボール・サンプリングは、驚くことに九年後も継続していた。最初に転がした小さな雪玉は、いまや大きな雪だるまに成長していた。

近年の犯罪社会学分野の質的研究においては、このような継続的調査というものが困難になっている。理由はさまざまであろうが、そもそも研究者が、元ヤクザの被調査者と継続的な関係を続けることが困難であることは想像に難くない。なぜなら、それは、被調査者の転居や、再犯による刑務所への収監、社会病理集団への再統合という予期せぬイベント（出来事）により切断されることがあるからである。しかしながら、廣末氏の研究は、ラポール（信頼関係）の継続というひとつの事実をみても、インフォーマントや被調査者をはじめ、犯罪文化を色濃く残す集団や、彼らが生活する近隣とのラポールを構築・維持してきたことがわかる。そうしたラポールに基づき収集されたデータは、犯罪社会学的な価値から評すると、まさに宝玉に値するものである。

本書は、もともと、二〇一四年度の公益財団法人日工組社会安全財団による一般研究助成研究に採択された研究――「社会病理集団離脱実態の研究」においてインフォーマントを務めた中川茂代さんのライフヒストリーである。彼女は、廣末氏と面識があったわけではなく、前述の調査においてインフォーマント役であった山本氏＝被調査者Ｊ氏に紹介されたインフォーマントである。

日工組社会安全財団の研究を行う過程で、調査協力者である中川茂代さんとのラポールを醸成した廣末氏は、彼女の活動、すなわち、病理集団離脱者や刑務所出所者に対してなされるインフォーマルな支援に関心を持つ。さらに、支援を行う中川茂代さん自身も、母親をはじめ、近隣の住民のインフォーマルなコントロール下にあることを知る。

こうした、近隣との関係は、中川茂代さんをはじめ、更生者の再犯を防止する装置となっているように思える。その理由は本書の「Ⅲ．著者による解説　4.コミュニティーオーガニゼーションによる社会復帰支援」に詳述されている。

そこでは、サンプソン＝ラウブが主張する「年齢によって段階づけられたインフォーマルな社会統制理論」の理論的視座に基づき「人的なつながりの質」を重視し、刑務所出所者や病理集団離脱者に対しては、従来のような行政指導型ではなく、地域住民のニーズ、離脱者・更生者のニーズを踏まえ、官、民、地域社会が一体となった三位一体の支援が必要であると結論している。

中川茂代さんが現在とっている行動にスポットを当てることも大切であるが、本書を執筆した廣末氏の意図は別にあるように思える。それは、刑務所出所者や病理集団離脱者に対する個人的な支援自体も然りであるが、「なぜ、そうした行動をとるに至ったのか」という疑問を持ったことである。そのために、氏は、中川茂代さんが語る自身のライフヒストリーを提示することで、さまざまな役割や、いろいろな水準のレスポンスを具体的に示している。さらに、被調査者の言葉で語られるリアルな口述データ部分が本書の醍醐味であるといえるが、廣末氏は、その素材の吟味や加工は、第三者に委ねている。そして、その理由として、「社会生活を営む人間の本質的な理解」のために、一つの事例・素材を提供することであると述べている。

では、本書のような「ただ一人の個人史データ」が羅列された著書にどれほどの意味があるのか。およそ、研究者が「研究書」の類として上梓するに値するのか。そうした意見もあると思われる。たしかに、それももっともな意見であろう。しかしながら、筆者が訴えたいことは、別にあるのではないか。それはたとえば、①刑余者や社会病理集団離脱者の支援は、官・民・地域社会の三位一体体制で臨まなくてはならない。行政によるフォーマルな統制に依拠してきた過去の更生支援だけでは、再犯防止には十分な効果が得られない。②女子の犯罪は主に窃盗であるから、一度、刑務所に収監され、負のラベルを付された者がセカンドチャンスを得られない硬直した現代社会への危惧。③効果的な更生支援には、木槌と同じく、固い面と柔らかい面を使い分ける必要がある。すなわち、行政支援型の固く画一的な支援と対をなす、更生経験者による柔らかな「痛みが分かる支援」が必要であること。④そして、更生者の社会復帰の問題=再犯の防止は、対岸の火事ではなく、われわれ市民が真剣に考える段階にきていること。以上ではないかと、考えた次第である。

本書は、一見すると関西弁を基調とする自伝的な文体で記述されている。しかし、それは、犯罪社会学や刑事政策という学問分野が、学者の専売特許ではなく、市民として近隣社会で生活を営む一人ひとりに共有されることが大切であると、廣末氏が考えた結果の「試行」である。あるいは、既に罪を犯してしまって「赤落ち＝入獄」されている方（刑事施設に収容されている者）に、先達の背中を見せるという意図が、氏にはあるのかもしれない。ただ、その意図はどうであれ、本書が、わが国で前例の少ない官・民・地域社会の三位一体による更生支援モデルを紹介・提示し得たこと、その支援主体が、それに至る動機や意識の変化を「その人自身の物語」として公表したことは、犯罪学、刑事政策上の業績として、一定の評価を与えねばなるまい。

また、本書は、物語形式、一人称の視座から、そして主観的立場からなされる主人公・中川茂代さんの語りで、個人の経験の描写や個人の生活世界の解釈がありのままに示されている。それは、犯罪学者に限らず、読者が知りたい（であろう）ありとあらゆることを、ライフヒストリー形式で分かりやすく示している。その対象は、犯罪学者や学生に限定されず、一般の市民をも想定している。犯罪学や刑事政策というものが「身近な学問」であるということを、読者諸氏に伝えようとする廣末氏の姿勢は、「研究のための研究」ではなく、「社会のための研究」の試みとして評価できるのである。

廣末氏は、本書において、大阪の生野地区に流れてくる離脱者や更生者が、容易ならざる状況にありながら、大阪のオッチャンやオバちゃんに支えられ、必死に再チャレンジしている実例を示すことで、彼らへの最大級の敬意を表しているのではないかと思う次第である。

願わくは、老若男女を問わず、ひとりでも多くの読者が、たとえ最初は興味本位であれ、本書を手に取り、新たな隣人のこと、安心・安全そして健全な地域社会を構成するための課題とはなにか、ということを考える一助として頂ければ幸いである。

最後に、言い忘れたが、本書を著した廣末氏は、日本犯罪社会学会と日本社会病理学会に籍を置く研究者であるが、十代の中頃はグレン隊に属していた。その後、さまざまな艱難辛苦を経て、試行錯誤の末に研究者の道を見出したのであるが、彼自身の物語につき多くを語ることは、紙面の都合上割愛する。彼の物語に興味を持たれた方は、前作『若者はなぜヤクザになったのか——暴力団加入要因の研究』をご一読いただきたい。後半部分にオート・エスノグラフィー形式で詳述されている。

二〇一五年六月十日

中央大学多摩キャンパスにて

矢島　正見

廣末登（ひろすえ　のぼる）
1970年（昭和45年）福岡市生まれ
北九州市立大学社会システム研究科博士後期課程修了
博士（学術）
国会議員政策担当秘書、熊本大学特任助教を経て、
現在、NPO市民塾21（北九州市）特別研究員。
JCDA（日本キャリア開発協会会員）
日本社会病理学会会員、日本犯罪社会学会会員
著書：『若者はなぜヤクザになったのか――暴力団加入要因の研究』（2014年、ハーベスト社）
論文：「犯罪的病理集団加入要因の予備的研究」『現代の社会病理』（日本社会病理学会）

組長の娘《くみちょうのむすめ》　中川茂代の人生《なかがわしげよのじんせい》

更生した女性が語る自身のライフヒストリー

発　行　――2015年8月8日　第1刷発行
――定価はカバーに表示
著　者　――廣末　登
発行者　――小林達也
発行所　――ハーベスト社
〒188-0013　東京都西東京市向台町2-11-5
電話　042-467-6441
振替 00170-6-68127
http://www.harvest-sha.co.jp
印刷・製本　（株）平河工業社
落丁・乱丁本はお取りかえいたします。
Printed in Japan
ISBN4-86339-066-9　C1036